Analyse financière

Activité – Rentabilité
Structure financière
Tableaux de flux

2e édition

Béatrice et Francis GRANDGUILLOT

sont professeurs de comptabilité et de gestion dans plusieurs établissements d'enseignement supérieur ainsi que dans différents cycles de formation continue.

Ils sont auteurs de plusieurs ouvrages et directeurs de collection dans leurs disciplines.

Des mêmes auteurs chez le même éditeur

Collection Fac - Universités

- Exercices corrigés d'analyse financière – 2e édition
- Mémento de comptabilité générale – 4e édition
- Exercices corrigés de comptabilité générale – 5e édition

Collection Carrés Rouge

- L'essentiel de l'analyse financière – 4e édition
- L'essentiel de la gestion prévisionnelle – 1re édition
- L'essentiel de la comptabilité financière – 1re édition
- L'essentiel de la comptabilité de gestion – 2e édition
- L'essentiel du droit fiscal – édition annuelle
- L'essentiel du droit des sociétés – 3e édition

Collection QCM

- QCM Analyse financière – 2e édition
- QCM Comptabilité générale – 2e édition

ISBN 2 - 84200 - 751 - 4

Béatrice et Francis Grandguillot

Analyse financière

Activité – Rentabilité
Structure financière
Tableaux de flux

2e édition

Gualino éditeur

Présentation

Cet ouvrage d'***Analyse financière*** présente de façon synthétique, structurée et illustrée l'ensemble des connaissances et des techniques à mettre en œuvre pour étudier l'***activité***, la ***rentabilité*** et le ***financement*** de l'entreprise.

L'ensemble des connaissances nécessaires est développé en quatre parties et contient de nombreuses applications corrigées pour acquérir une pratique de cette matière :

- ***l'analyse de l'activité et de la performance*** : La description du compte de résultat – Le tableau des soldes intermédiaires de gestion – La capacité d'autofinancement – La variabilité des charges et le seuil de rentabilité ;
- ***l'analyse de la structure financière et de l'équilibre financier*** : La description du bilan et de l'annexe – Le bilan fonctionnel – L'approche fonctionnelle de l'équilibre financier – Le bilan financier – L'analyse de l'exigibilité et de la liquidité ;
- ***les tableaux de flux*** : La description et l'analyse du tableau de financement – La description et l'analyse du tableau des flux de trésorerie ;
- ***la méthode de l'analyse financière de la Centrale de bilans*** : Le diagnostic de le Centrale de bilans.

Ainsi composé, ce livre, consacré à l'analyse financière (également appelée diagnostic financier) s'adresse aux étudiants en droit, sciences économiques et AES, ainsi qu'à ceux des nombreuses formations qui incluent la compréhension et la maîtrise de l'analyse financière.

Cet ouvrage peut être complété par les livres :

– *Exercices corrigés d'Analyse financière* (2e édition) publié dans la collection Fac-Universités ;

– *QCM d'Analyse financière* (2e édition) publié dans la collection QCM (Questions à choix multiple) ;

des mêmes auteurs parus chez le même éditeur.

Sommaire

Partie 2 • L'analyse de la structure financière et de l'équilibre financier

Partie 4 • La méthode de l'analyse financière de la Centrale de bilans

Liste des abréviations

AMTS	Amortissements
BFR	Besoin en fonds de roulement
BFRE	Besoin en fonds de roulement d'exploitation
BFRHE	Besoin en fonds de roulement hors exploitation
CA	Chiffre d'affaires
CAF	Capacité d'autofinancement
CDB	Centrale de bilans
DAP	Dotations aux provisions
DOTS	Dotations
EBE	Excédent brut d'exploitation
ETE	Excédent de trésorerie d'exploitation
FRNG	Fonds de roulement net global
HT	Hors taxes
IBE	Insuffisance brute d'exploitation
IS	Impôt sur les sociétés
N – 1	Exercice précédent
N	Exercice en cours
N + 1	Exercice suivant
OEC	Ordre des experts-comptables
PCG	Plan comptable général
PROV	Provisions
RAP	Reprises sur provisions
SC	Solde créditeur
SD	Solde débiteur
SF	Stock final
SI	Stock initial
SICAV	Sociétés d'investissement à capital variable
SIG	Soldes intermédiaires de gestion
TN	Trésorerie nette
TTC	Toutes taxes comprises
TVA	Taxe sur la valeur ajoutée
VA	Valeur ajoutée
VO	Valeur d'origine
Δ	Variation

CHAPITRE 1

L'approche financière de l'entreprise

1 • DÉFINITION ET OBJECTIF

L'analyse financière peut être définie comme un ensemble de méthodes d'analyse exploitant des informations ***financières*** et ***économiques*** destinées à apprécier l'entreprise dans sa globalité et à porter un jugement sur sa ***performance***, sa ***situation financière***, ses ***risques***. Les informations traitées peuvent concerner le passé, le présent ou l'avenir.

L'objectif premier de l'analyse financière est d'établir un ***diagnostic financier*** de l'entreprise, elle est une aide à la prise de décision. L'analyse financière permet d'améliorer la gestion de l'entreprise, d'effectuer des comparaisons avec d'autres entreprises du même secteur d'activité et d'apporter des réponses aux questions :

- qu'elle est la ***valeur*** de l'entreprise ?
- qu'elle est la capacité de l'entreprise à créer de la ***richesse*** ?
- l'entreprise est-elle ***rentable*** ?
- sa ***structure financière*** est-elle équilibrée ?
- sa ***stratégie*** est-elle adaptée à ses besoins et à ses ressources ?
- l'entreprise est-elle ***compétitive*** ?
- quels sont les points forts, les points faibles et les ***potentialités*** de l'entreprise ?
- quels sont les ***risques*** encourus ?

2 • LES SOURCES D'INFORMATION DE L'ANALYSE FINANCIÈRE

Pour mener à bien l'analyse financière de l'entreprise, l'analyste doit connaître l'***ensemble des sources d'information*** (internes, externes, comptables et autres) dont il peut disposer, les comprendre, savoir les interpréter et les exploiter.

A - L'information comptable

L'analyse financière s'effectue essentiellement à partir de l'information ***comptable*** et plus particulièrement à l'aide des ***comptes annuels*** comprenant :

- ***le bilan*** : synthèse des ressources de financement dont dispose l'entreprise à une date donnée (passif) et des utilisations de ces ressources (actif) ;

– *le compte de résultat* : synthèse des ressources obtenues (produits) et des coûts occasionnés (charges) par l'activité de l'entreprise pour une période donnée et détermination du résultat qui en découle ;

– *l'annexe* : compléments d'information chiffrés et non chiffrés utiles à la compréhension du bilan et du compte de résultat.

Les comptes annuels forment ***un tout indissociable***. Ils font l'objet de retraitements en vue d'obtenir une meilleure représentation économique et financière et de ***neutraliser*** l'incidence de critères juridiques et fiscaux retenus dans le cadre de la comptabilité.

Le Plan comptable général prévoit dans son article 432 – 1 ***trois systèmes*** de présentation de ces documents, selon la taille des entreprises, qui permettent de détailler plus ou moins les informations :

Système de base → Système de ***droit commun*** comportant les dispositions minimales que doivent tenir les entreprises de moyenne ou grande taille.

Système abrégé → Système comportant les ***dispositions minimales*** des entreprises dont la taille ne justifie pas une présentation selon le système de base.

Système développé → Système ***facultatif*** qui propose un bilan et un compte de résultat plus détaillés complétés d'un tableau des soldes intermédiaires de gestion, d'un modèle de la détermination de la capacité d'autofinancement et d'un tableau de financement.

Le système retenu dans le présent ouvrage est le système développé. Ce dernier est en effet le mieux adapté à l'analyse financière.

B - Les autres sources d'information

1) Le rapport de gestion

Le rapport de gestion est un document ***obligatoire***, lié aux comptes annuels, établi par les dirigeants des sociétés. Son objet est de fournir des informations ***significatives*** aux associés ainsi qu'aux tiers sur :

La vie économique de la société
- → exposé sur l'activité durant l'exercice écoulé et sur les résultats de cette activité ;
- → exposé sur l'évolution prévisible de la société ou du groupe ou sur les perspectives d'avenir.

La vie juridique de la société
- → compte rendu des fonctions et des rémunérations individuelles des mandataires sociaux pour les sociétés cotées ;
- → information sur les prises de participation significative dans les sociétés, sur les prises de contrôle des sociétés ;
- → information sur la détention du capital, sur l'actionnariat des salariés ;
- → mention du montant des dividendes mis en distribution au titre des trois exercices précédents et de celui de l'avoir fiscal correspondant.

La vie sociale de la société
- → information dans les domaines de l'emploi, des rémunérations, de la formation, des accords collectifs, ...

La politique de la société en matière d'environnement →	pour les sociétés cotées : – exposé sur les mesures prises par la société et ses filiales pour respecter l'environnement dans le cadre de leurs activités ; – compte rendu de la consommation de ressources en eau, en matières premières et énergie par la société et ses filiales. pour les sociétés utilisant des installations dangereuses : informations relatives à la prévention des risques technologiques, naturels et à la réparation des dommages.

2) Le rapport général du commissaire aux comptes et la procédure d'alerte

Dans l'exercice de sa mission de contrôle légal des opérations des sociétés, le commissaire aux comptes doit établir un rapport général sur ***les comptes annuels*** et le communiquer à l'assemblée générale des associés. Le rapport général comporte ***deux parties essentielles*** :

- ***l'opinion sur les comptes annuels*** : le commissaire aux comptes ***certifie*** la régularité, la sincérité, l'image fidèle des comptes annuels arrêtés par l'entreprise et ***apporte*** les observations nécessaires ;
- ***les vérifications et informations spécifiques*** : ***vérification*** du rapport de gestion et des documents adressés aux associés et ***communication*** des inéxactitudes, des irrégularités et des infractions relevées.

Lorsque le commissaire aux comptes constate, dans le cadre de sa mission, des ***faits inquiétants*** (importante perte de marché, trésorerie négative de manière aggravante, conflits sociaux graves, ...) qui risquent de ***compromettre*** la continuité de l'exploitation de l'entreprise, il doit en ***informer*** les dirigeants et leur demander une explication. Dans les cas d'absence de réponse ou de réponse insatisfaisante le commissaire aux comptes déclenche une ***procédure d'alerte***.

Celle-ci a pour objectif de prévenir les difficultés des entreprises, d'***attirer*** l'attention des dirigeants sur les faits compromettant l'avenir de la société et ***d'inciter*** les décideurs à prendre les dispositions nécessaires. Toutefois le commissaire aux comptes n'a pas le droit de s'immiscer dans la gestion de l'entreprise.

3) L'information à la disposition du public

Les sociétés commerciales (sociétés à responsabilité limitée, sociétés par actions et certaines sociétés de personnes) doivent ***déposer au greffe*** du tribunal de commerce :

- les comptes annuels et, le cas échéant, les comptes consolidés ;
- le rapport de gestion ;
- le rapport général du commissaire aux comptes.

Des services minitel ou Internet permettent d'avoir accès aux documents déposés au greffe par les sociétés.

4) Les documents d'information financière et prévisionnelle

Dans le cadre de la prévention des difficultés des entreprises, les sociétés qui emploient, à la clôture de l'exercice, au moins 300 salariés ou ont réalisé un chiffre d'affaires d'au moins 18 millions d'euros ont l'obligation d'établir ***quatre documents*** d'information financière et prévisionnelle qui sont :

- la situation de l'actif réalisable et disponible (créances, valeurs mobilières de placement, trésorerie disponible) ainsi que celle du passif exigible (dettes) établie semestriellement ;
- le tableau de financement ;
- le plan de financement prévisionnel } établis annuellement.
- le compte de résultat prévisionnel } établis annuellement.

Chaque document est accompagné d'***un rapport*** fournissant des commentaires et des compléments d'informations.

5) Les sources d'information diverses

En complément des documents obligatoires que doivent fournir les entreprises, l'analyste peut ***collecter des informations*** d'ordre financier et économique utiles au diagnostic financier grâce :

- à la presse économique et spécialisée ;
- aux données statistiques d'organismes publics ou privés (INSEE, Chambres consulaires, syndicats professionnels, ...) ;
- et aux différents sites spécialisés accessibles par Internet ou par minitel.

3 • LE DIAGNOSTIC FINANCIER

Le diagnostic financier est une pièce maîtresse du diagnostic général ; ce dernier permettant d'établir un ***bilan de santé*** de l'entreprise et d'envisager l'avenir dans les conditions souhaitées.

A - Objectif

Le diagnostic financier permet de ***porter un jugement*** sur l'activité de l'entreprise, sur sa situation financière et sur sa rentabilité. Il s'articule en ***trois phases*** :

① **Observation**

↓

- Déterminer le champ d'application.
- Collecter les informations nécessaires.

② **Exploitation**

↓

- Calculer des indicateurs économiques et financiers pertinents.
- Suivre l'évolution de ces indicateurs dans le temps et dans l'espace d'après des normes.

③ **Analyse**

↓

- Repérer les points faibles, les points forts et les potentialités de développement.
- Détecter les difficultés.
- Conseiller et proposer des plans d'action.
- Prendre des décisions relatives à la politique financière de l'entreprise.

B- Les utilisateurs

L'analyse financière d'une entreprise est menée soit en ***interne***, soit par des personnes ***extérieures***, pour le propre compte de l'entreprise ou pour un tiers.

Les utilisateurs de l'analyse financière sont multiples, leurs intérêts peuvent être conjoints ou différents, voire divergents dans certains cas.

Les ***principaux utilisateurs*** de l'analyse financière avec leurs objectifs respectifs sont présentés dans le tableau suivant :

Utilisateurs	Objectifs
Dirigeants	• Juger les différentes politiques de l'entreprise. • Orienter les décisions de gestion. • Assurer la rentabilité de l'entreprise.
Associés	• Accroître la rentabilité des capitaux. • Accroître la valeur de l'entreprise. • Réduire le risque.
Salariés	• Assurer la croissance de l'entreprise. • Apprécier le partage de la richesse créée par l'entreprise et l'évolution des charges de personnel.
Prêteurs (établissements financiers, fournisseurs, ...)	• Réduire le risque. • Apprécier la solvabilité.
Investisseurs	• Accroître la valeur de l'entreprise. • Accroître la rentabilité des capitaux.
Concurrents	• Connaître les points forts et les points faibles de l'entreprise. • Apprécier la compétitivité.

C- Les méthodes de l'analyse financière

Les indicateurs de gestion utilisés pour réaliser le diagostic sont variés de façon à répondre aux attentes des différents utilisateurs.

Ils sont issus de ***deux méthodes*** d'analyse :

L'analyse statique

↓

Elle est basée, essentiellement, sur l'examen des comptes annuels à une date donnée.

L'analyse dynamique

↓

Elle est fondée, principalement, sur l'étude des flux financiers pour une période donnée.

L'analyse financière de l'entreprise est menée autour de ***trois pôles*** principaux :

① **L'analyse de l'activité et des performances**

↓

Compte de résultat

- Soldes intermédiaires de gestion
- Capacité d'autofinancement
- Ratios (1) (d'activité, de profitabilité, ...)

② **L'analyse statique de la structure financière**

↓

Bilan comptable

Bilan fonctionnel

- Fonds de roulement net global.
- Besoin en fonds de roulement.
- Trésorerie nette.
- Ratios (structure, rotation, ...) (1).

Bilan financier

- Fonds de roulement financier.
- Ratios (solvabilité, liquidité, ...) (1).

③ **L'analyse dynamique de la situation financière**

Tableau de financement

- Variation du fonds de roulement net global.
- Variation du besoin en fonds de roulement.
- Variation de la trésorerie nette.

Tableau des flux de trésorerie

- Flux de trésorerie liés à l'activité.
- Flux de trésorerie liés aux opérations d'investissement.
- Flux de trésorerie liés aux opérations de financement.

En outre, l'analyse financière doit prendre en compte des éléments d'information extra-financiers tels que :

– le cycle de vie de l'entreprise ;

– sa forme juridique ;

– son secteur d'activité ;

– son potentiel technologique et humain ;

– l'évolution du marché ;

– son appartenance à un groupe ;

–...

---

(1) Un ratio est un rapport entre deux grandeurs significatives (masses du bilan, du compte de résultat, indicateurs de gestion, ...). Pour être révélateurs, les ratios doivent être analysés en « batterie ».
Les ratios sont des outils de mesure et de contrôle de l'évolution dans le temps et dans l'espace d'un phénomène étudié en analyse financière.

PARTIE 1

L'analyse de l'activité et de la performance

CHAPITRE 2

La description du compte de résultat

1 • DÉFINITION

L'article 130 – 3 du Plan comptable général définit le compte de résultat comme un tableau qui ***récapitule les charges et les produits*** de l'exercice, sans qu'il soit tenu compte de leur date de paiement ou d'encaissement. Selon le régime juridique de l'entité, le solde des charges et des produits constitue :

– le bénéfice ou la perte de l'exercice ;

– l'excédent ou l'insuffisance de ressources.

Le compte de résultat décrit donc l'***activité*** de l'entreprise pour une période donnée (l'exercice).

Il est établi à la fin de l'exercice et permet de connaître :

– ***l'ensemble des coûts*** hors taxes engagés, appelés charges, au cours d'un exercice pour les besoins de l'activité de l'entreprise ;

– ***l'ensemble des revenus*** hors taxes, appelés produits, générés par son activité pour le même exercice ;

– ***le résultat de l'exercice*** par différence entre le total des produits et le total des charges :

Produits – Charges = **Résultat**

Aucune compensation ne peut être opérée entre les postes de charges et ceux des produits.

Le ***résultat***, fruit de l'activité de l'entreprise, permet de savoir si l'entreprise s'est ***enrichie*** (bénéfice) ou ***appauvrie*** (perte) :

Produits > Charges	⇒	**Bénéfice**
Produits < Charges	⇒	**Perte**

2• LA STRUCTURE DU COMPTE DE RÉSULTAT

Le compte de résultat est un tableau scindé en ***deux parties*** :

- ***la partie gauche***, organisée en rubriques et en postes, regroupe les charges ou l'ensemble des consommations de l'exercice, ou encore les emplois résultant de l'activité. La ***classe 6*** du Plan comptable général est consacrée aux ***comptes de charges par nature*** ;
- ***la partie droite***, articulée en rubriques et en postes, ***regroupe les produits*** ou l'ensemble des ressources de l'activité de l'exercice. La ***classe 7*** du Plan comptable général est consacrée aux ***comptes de produits par nature***.

Le tableau du compte de résultat, dans sa structure simplifiée, se présente comme suit :

Charges	Exercice N – 1	Exercice N	Produits	Exercice N – 1	Exercice N
Charges d'exploitation Quotes-parts de résultat sur opérations faites en commun Charges financières Charges exceptionnelles Participation des salariés Impôt sur les bénéfices			Produits d'exploitation Quotes-parts de résultat sur opérations faites en commun Produits financiers Produits exceptionnels		
Total des charges Solde créditeur = **bénéfice**			*Total des produits* Solde débiteur = **perte**		
Total général			**Total général**		

Le ***classement symétrique*** des charges et des produits, par nature, fait apparaître ***trois activités*** distinctes :

- l'activité d'exploitation ;
- l'activité financière ;
- l'activité exceptionnelle.

Outre le résultat de l'exercice, la présentation sous la forme de ***liste*** du compte de résultat, prévue par le Plan comptable général, permet de dégager successivement :

- le résultat d'exploitation ;
- le résultat financier ;
- le résultat courant ;
- et le résultat exceptionnel.

3 • LA DÉFINITION DES POSTES DU COMPTE DE RÉSULTAT

A - Les charges

1) Les charges d'exploitation

La rubrique « Charges d'exploitation » comprend l'ensemble des ***coûts occasionnés par l'activité normale*** de l'entreprise. Les postes qui la constituent sont les suivants :

Achats → ce poste comprend les achats de marchandises et les achats stockés (matières premières et autres approvisionnements). Ils enregistrent les acquisitions de biens ou de services entrant dans le cycle d'exploitation de l'entreprise.

Variation des stocks (relative aux achats) → la variation des stocks de marchandises et d'approvisionnements est égale à :

Stock initial – Stock final

ce poste vient corriger, en moins ou en plus, les achats concernés afin de déterminer :

Achats
± Variation de stocks
= Coût d'achat des marchandises vendues
ou
Coût d'achat des matières premières et autres approvisionnements consommés

Autres achats et charges externes → ce poste regroupe les achats non stockés de matières et fournitures ainsi que les charges externes (services extérieurs et autres services extérieurs) autres que les achats en provenance des tiers (les achats non stockés de matières et fournitures, les charges de sous-traitance, les redevances de crédit-bail, les frais de personnel intérimaire, les services bancaires et assimilés, ...).

Impôts, taxes et versements assimilés → ce poste est constitué des versements obligatoires à l'État et aux collectivités locales ainsi que ceux institués par l'autorité publique (taxe sur les salaires, taxe d'apprentissage, participation des employeurs à la formation professionnelle continue, ...).

Charges de personnel → ce poste comprend l'ensemble des rémunérations du personnel de l'entreprise (salaires, congés payés, primes et gratifications, indemnités et avantages divers, ...) et des charges sociales patronales.

Dotations aux amortissements et aux provisions → il s'agit de charges calculées par l'entreprise qui n'affectent pas la trésorerie :
- les dotations aux amortissements représentent le montant de la dépréciation annuelle, à caractère irréversible, subi par les immobilisations de l'entreprise ;
- les dotations aux provisions constatent la dépréciation annuelle, à caractère non irréversible, de certains éléments de l'actif (stocks, clients, titres, ...) ;
- les dotations aux provisions pour risques et charges pour garanties données aux clients, pour pensions, ...

Autres charges → ce poste correspond :
- aux redevances pour concessions, brevets, ... ;
- aux jetons de présence ;
- aux pertes sur créances irrécouvrables présentant un caractère habituel.

2) Les quotes-parts de résultat sur opérations faites en commun

Cette rubrique constate la ***part des pertes*** supportée par l'entreprise provenant d'opérations réalisées en collaboration avec d'autres entreprises.

3) Les charges financières

Les charges financières concernent les ***coûts liés à la politique financière*** de l'entreprise (coût du financement externe, ...).

La rubrique « Charges financières » comprend les postes :

- ***dotations aux amortissements et aux provisions*** constituées essentiellement des dotations aux provisions pour dépréciation annuelle des titres et les dotations aux provisions pour risques et charges à caractère financier ;
- ***intérêts et charges assimilées*** qui représentent le ***coût de financement externe*** de l'entreprise ainsi que les escomptes accordés aux clients ;
- ***différences négatives de change*** (pertes de change) ;
- ***charges nettes sur cessions de valeurs mobilières de placement*** : elles correspondent à la différence entre la valeur d'acquisition des titres cédés et leur prix de cession.

4) Les charges exceptionnelles

Les charges exceptionnelles sont des coûts qui ***ne sont pas liés à l'activité normale*** de l'entreprise.

La rubrique « Charges exceptionnelles » distingue :

- les ***charges exceptionnelles sur opérations de gestion*** : il s'agit des créances irrécouvrables présentant un cararactère inhabituel, les pénalités et amendes fiscales, les rappels d'impôts, les dons et les libéralités ;
- les ***charges exceptionnelles sur opérations en capital*** : elles correspondent à la valeur nette comptable des éléments de l'actif immobilisé cédés durant l'exercice ;
- les ***dotations aux amortissements*** pour dépréciation exceptionnelle des immobilisations, ***et les dotations aux provisions*** réglementées ainsi que les provisions pour risques et charges exceptionnels.

5) La participation des salariés

La rubrique « Participation des salariés » représente le ***montant de la participation des salariés aux résultats de l'entreprise*** attribué au cours de l'exercice. Il est déterminé en application de la règlementation concernant la participation des salariés.

6) L'impôt sur les bénéfices

La rubrique « Impôts sur les bénéfices » ne concerne que les personnes morales soumises à l'impôt sur les sociétés. Il fait apparaître la ***charge de cet impôt***, de l'impôt forfaitaire annuel, de la contribution additionnelle d'impôt sur les sociétés et de la contribution sociale des sociétés.

B - Les produits

1) Les produits d'exploitation

La rubrique « Produits d'exploitation » représente l'***ensemble des ressources produites par l'activité normale*** de l'entreprise.

Les postes qui la constituent sont les suivants :

Ventes de marchandises → il s'agit des produits issus de la revente en l'état de marchandises.

Production vendue → ce poste regroupe les ventes de biens produits ou transformés par l'entreprise ; les travaux, études et prestations de services exécutés ainsi que les produits des activités annexes (commissions et courtages, locations diverses, ...).

Production stockée → La production stockée est égale à :

Stock final – Stock initial

ce poste vient corriger, en moins ou en plus, la production vendue afin de déterminer :

Production vendue
± Production stockée
= Production de l'exercice

Production immobilisée → il s'agit du coût des travaux réalisés par l'entreprise pour elle-même.

Subventions d'exploitation → ce poste comprend les subventions accordées par l'État, les collectivités publiques ou les tiers. Elles sont destinées à compenser l'insuffisance de certains produits d'exploitation ou à faire face à certaines charges d'exploitation (aide à l'embauche, aide à l'innovation, ...).

Reprises sur provisions (et amortissements) → il s'agit de produits calculés par l'entreprise qui n'affectent pas la trésorerie. Elles représentent essentiellement le montant des provisions rapporté au résultat car les raisons qui les ont motivées ont cessé d'exister. Les reprises sur amortissements sont rares, elles sont effectuées lorsque les dotations ont été excessives sur un exercice antérieur.

Transferts de charges → ce poste comprend les charges d'exploitation à transférer soit à un compte de bilan (charges à répartir sur plusieurs exercices) autre que les comptes d'immobilisations, soit à un autre compte de charges (avantages en nature).

Autres produits → ce poste correspond aux produits issus :
- des redevances pour concessions, brevets, licences, marques ou droits et valeurs assimilés ;
- des loyers des immeubles figurant à l'actif.

2) Les quotes-parts de résultat sur opérations faites en commun

Cette rubrique constate la ***part des bénéfices*** revenant à l'entreprise dans le cadre d'opérations réalisées en collaboration avec d'autres entreprises.

3) Les produits financiers

Les produits financiers se composent essentiellement des revenus procurés par des placements et de reprise sur provisions.

La rubrique « Produits financiers » comprend les postes :

- *produits financiers de participation* : ils correspondent principalement aux revenus des titres de participation et des créances rattachées à des participations ;
- *produits d'autres valeurs mobilières et créances de l'actif immobilisé* : il s'agit des revenus des titres immobilisés, des prêts, des créances immobilisées ;
- *autres intérêts et produits assimilés* qui représentent les revenus des autres créances ainsi que les escomptes obtenus des fournisseurs ;
- *reprises sur provisions et transferts de charges financières* : le rôle de ce poste est identique à celui figurant dans la rubrique « Produits d'exploitation » mais concerne les éléments financiers ;
- *différences positives de change* (gains de change) ;
- *produits nets sur cessions de valeurs mobilières de placement* : ils correspondent à la différence entre le prix de cession et la valeur d'acquisition des titres cédés.

4) Les produits exceptionnels

Les produits exceptionnels sont des produits qui *ne sont pas liés à l'activité normale* de l'entreprise.

La rubrique « Produits exceptionnels » distingue :

- les *produits exceptionnels sur opérations de gestion* : y figurent notamment les subventions d'équilibre destinées à combler les déficits, les dégrèvement d'impôts autres que l'impôt sur les sociétés ;
- les *produits exceptionnels sur opérations en capital* : ils comprennent la quote-part des subventions d'investissement rapportée au résultat, le prix de cession hors taxe des immobilisations ;
- les *reprises sur provisions et transferts de charges exceptionnelles* : les reprises sur provisions comprennent les reprises sur amortissements dérogatoires, sur autres provisions réglementées, sur provisions pour risques et charges.

4• LE TABLEAU DE CORRESPONDANCE DES COMPTES EN SYSTÈME DÉVELOPPÉ

Les regroupements suivants s'opèrent afin de dresser les différents postes du compte de résultat en système développé.

A - Les charges

Art. 523 – 2 Modèle de compte de résultat (en tableau) *(système développé)*

CHARGES (hors taxes)	Exercice N		Exercice N – 1
		Totaux partiels	Totaux partiels
Charges d'exploitation (1) :			
Coût d'achat des marchandises vendues dans l'exercice			
• Achats de marchandises *(a)*	607. (– 6097).		
• Variation des stocks de marchandises *(b)*	6037.		
Consommations de l'exercice en provenance des tiers			
• Achats stockés d'approvisionnements *(a)*			
– matières premières	601. (– 6091).		
– autres approvisionnements	602. (– 6092).		
• Variation des stocks d'approvisionnements *(b)*	6031. 6032.		
• Achats de sous-traitance	604. 605. (– 6094. – 6095).		
• Achats non stockés de matières et fournitures	606. (– 6096).		
• Services extérieurs :			
– personnel extérieur	621.		
– loyers en crédit-bail *(c)*	612.		
– autres	61. 62. (–619. –629). sauf 621. 612.		
Impôts, taxes et versements assimilés			
Sur rémunérations	631. 633.		
Autres	635. 637.		
Charges de personnel			
Salaires et traitements	641. 644. 648.		
Charges sociales	645. 646. 647.		
Dotations aux amortissements et aux provisions			
Sur immobilisations : dotations aux amortissements *(d)*	6811. 6812.		
Sur immobilisations : dotations aux provisions	6816.		
Sur actif circulant : dotations aux provisions	6817.		
Pour risques et charges : dotations aux provisions	6815.		
Autres charges	651. 653. 654. 658.		
TOTAL		X	X
Quotes-parts de résultat sur opérations faites en commun	655.		
Charges financières :			
Dotations aux amortissements et aux provisions	686.		
Intérêts et charges assimilées (2)	661. 664. 665. 668.		
Différences négatives de change	666.		
Charges nettes sur cessions de valeurs mobilières de placement	667.		

Charges exceptionnelles :			
Sur opérations de gestion	671. 672.		
Sur opérations en capital :			
– valeurs comptables des éléments immobilisés et financiers cédés *(e)*	675.		
– autres	678.		
Dotations aux amortissements et aux provisions :			
– dotations aux provisions réglementées	6872. 6873. 6874.		
– dotations aux amortissements et aux autres provisions	6871. 6875. 6876.		
Participation des salariés aux résultats	691.		
Impôts sur les bénéfices	695. 697.		
Solde créditeur = **bénéfice**		X	X
TOTAL GÉNÉRAL		X	X

(1) Dont charges afférentes à des exercices antérieurs. Les conséquences des corrections d'erreurs significatives, calculées après impôt, sont présentées sur une ligne séparée sauf s'il s'agit de corriger une écriture ayant été directement imputée sur les capitaux propres.
(2) Dont intérêts concernant les entités liées.

(a) Y compris frais accessoires.
(b) Stock initial moins stock final : montant de la variation en moins entre parenthèses ou précédé du signe (–).
(c) A ventiler en « mobilier » et « immobilier ».
(d) Y compris éventuellement dotations aux amortissements des charges à répartir.
(e) À l'exception des valeurs mobilières de placement.

B - Les produits

Art. 523 – 2 Modèle de compte de résultat (en tableau) *(système développé)*

PRODUITS (hors taxes)	Exercice N		Exercice N – 1
		Totaux partiels	Totaux partiels
Produits d'exploitation (1) :			
Ventes de marchandises	707.(– 7097).		
Production vendue			
Ventes	701. 702. 703. (– 7094. – 7092).		
Travaux	704. 705. (–7094. – 7095).		
Prestations de services	706. 708. (– 7096. – 7098).		
Montant net du chiffre d'affaires	X		
dont à l'exportation			
Production stockée *(a)*			
En-cours de production de biens *(a)*	7133.		
En-cours de production de services *(a)*	7134.		
Produits *(a)*	7135.		
Production immobilisée	72.		
Subventions d'exploitation	74.		
Reprises sur provisions (et amortissements)	781.		
Transferts de charges	791.		
Autres produits	751. 752. 753. 758.		
TOTAL		X	X

Quotes-parts de résultat sur opérations faites en commun	755.		
Produits financiers :			
De participation (2)	761.		
D'autres valeurs mobilières et créances de l'actif immobilisé (2)	762.		
Autres intérêts et produits assimilés (2)	763. 764. 765. 768.		
Reprises sur provisions et transferts de charges financières	786. 796.		
Différences positives de change	766.		
Produits nets sur cessions de valeurs mobilières de placement	767.		
Produits exceptionnels :			
Sur opérations de gestion	771. 772.		
Sur opérations en capital :			
– produits des cessions d'éléments d'actif *(c)*	775.		
– subventions d'investissement virées au résultat de l'exercice	777.		
– autres	778.		
Reprises sur provisions et transferts de charges exceptionnelles	787. 797.		
Solde débiteur = **perte**		X	X
TOTAL GÉNÉRAL		X	X

(1) Dont produits afférents à des exercices antérieurs. Les conséquences des corrections d'erreurs significatives, calculées après impôt, sont présentées sur une ligne séparée sauf s'il s'agit de corriger une écriture ayant été directement imputée sur les capitaux propres.
(2) Dont produits concernant les entités liées.

(a) Stock final moins stock initial : montant de la variation en moins entre parenthèses ou précédé du signe (–) dans le cas de déstockage de production.
(c) À l'exception des valeurs mobilières de placement.

5 • APPLICATION

La liste des charges et des produits de l'entreprise Ralf est la suivante :

Numéro	Intitulé des comptes	Montant
601	Achats de matières premières	397 540
6031	Variation des stocks de matières premières	– 20 000
6037	Variation des stocks de marchandises	+ 2 000
606	Achats non stockés de matières et fournitures	2 460
607	Achats de marchandises	74 500
6097	Rabais, remises et ristournes obtenus sur achats de marchandises	4 500
613	Locations	12 500
615	Entretien et réparations	11 500
616	Primes d'assurances	12 750
621	Personnel extérieur à l'entreprise	15 000
622	Rémunérations d'intermédiaires et honoraires	7 000
623	Publicité, publications, relations publiques	55 000
625	Transports de biens et transports collectifs du personnel	10 500
626	Frais postaux et de télécommunications	24 500
627	Services bancaires et assimilés	1 250
631	Impôts, taxes et versements assimilés sur rémunération	19 500
635	Autres impôts, taxes et versements assimilés	30 500
641	Rémunérations du personnel	130 000
645	Charges de sécurité sociale et de prévoyance	120 000
654	Pertes sur créances irrécouvrables	5 000
661	Charges d'intérêts	17 500
665	Escomptes accordés	1 250
667	Charges nettes sur cessions de valeurs mobilières de placement	11 250
675	Valeurs comptables des éléments d'actif cédés	60 000

Numéro	Intitulé des comptes	Montant
6811	Dotations aux amortissements sur immobilisations incorporelles et corporelles	100 000
6817	Dotations aux provisions pour dépréciation des actifs circulants	30 000
6866	Dotations aux amortissements pour dépréciation des éléments financiers	400
6871	Dotations aux amortissements exceptionnels des immobilisations	17 000
6872	Dotations aux provisions réglementées	13 000
695	Impôts sur les bénéfices	200 000
701	Ventes de produits finis	1 000 000
707	Ventes de marchandises	125 000
709	Rabais, remises et ristournes accordés sur ventes de marchandises	5 000
713	Variation des stocks de produits	+ 70 000
720	Production immobilisée	10 000
740	Subvention d'exploitation	30 000
751	Redevances pour concessions, brevets, licences, marques, procédés, logiciels, droits et valeurs similaires	10 000
762	Produits des autres immobilisations financières	4 400
765	Escomptes obtenus	500
766	Gains de change	100
771	Produits exceptionnels sur opérations de gestion	5 000
775	Produits des cessions d'éléments d'actif	150 000
7815	Reprises sur provisions pour risques et charges d'exploitation	40 000
7817	Reprises sur provisions pour dépréciation des actifs circulants	60 000
7866	Reprises sur provisions pour dépréciation des éléments financiers	25 000
7872	Reprises sur provisions réglementées	6 000

Les calculs préliminaires à l'établissement du compte de résultat sont les suivants :

– Achats nets de marchandises : comptes « 607 – 6097 »

74 500 – 4 500 = 70 000 €.

– Autres services extérieurs : comptes « 61 + 62 (sauf 612 et 621) » :

12 500 + 11 500 + 12 750 + 7 000 + 55 000 + 10 500 + 24 500 + 1 250 = 135 000 €.

– Intérêts et charges assimilées : comptes « 661 + 664 + 665 + 668 »

17 500 + 1 250 = 18 750 €.

– Ventes nettes de marchandises : comptes « 707 – 709 » :

125 000 – 5 000 = 120 000 €.

– Reprises sur provisions (et amortissements) : comptes « 7815 + 7817 » :

40 000 + 60 000 = 100 000 €.

Art. 523 – 2 Modèle de compte de résultat (en tableau) *(système développé)*

CHARGES (hors taxes)	Exercice N		Exercice N – 1
		Totaux partiels	Totaux partiels
Charges d'exploitation (1) :			
Coût d'achat des marchandises vendues dans l'exercice		72 000	
• Achats de marchandises *(a)*	70 000		
• Variation des stocks de marchandises *(b)*	+ 2 000		
Consommations de l'exercice en provenance des tiers		530 000	
• Achats stockés d'approvisionnements *(a)*			
– matières premières	397 540		
– autres approvisionnements			
• Variation des stocks d'approvisionnements *(b)*	– 20 000		

• Achats de sous-traitance			
• Achats non stockés de matières et fournitures	2 460		
• Services extérieurs :			
– personnel extérieur	15 000		
– loyers en crédit-bail *(c)*			
– autres	135 000		
Impôts, taxes et versements assimilés		50 000	
Sur rémunérations	19 500		
Autres	30 500		
Charges de personnel		250 000	
Salaires et traitements	130 000		
Charges sociales	120 000		
Dotations aux amortissements et aux provisions		130 000	
Sur immobilisations : dotations aux amortissements *(d)*	100 000		
Sur immobilisations : dotations aux provisions			
Sur actif circulant : dotations aux provisions	30 000		
Pour risques et charges : dotations aux provisions			
Autres charges		5 000	
TOTAL		1 037 000	
Quotes-parts de résultat sur opérations faites en commun			
Charges financières :		30 400	
Dotations aux amortissements et aux provisions	400		
Intérêts et charges assimilées (2)	18 750		
Différences négatives de change			
Charges nettes sur cessions de valeurs mobilières de placement	11 250		
Charges exceptionnelles :		90 000	
Sur opérations de gestion			
Sur opérations en capital :			
– valeurs comptables des éléments immobilisés et financiers cédés *(e)*	60 000		
– autres			
Dotations aux amortissements et aux provisions :			
– dotations aux provisions réglementées	13 000		
– dotations aux amortissements et aux autres provisions	17 000		
Participation des salariés aux résultats			
Impôts sur les bénéfices		200 000	
Solde créditeur = **bénéfice**		173 600	
TOTAL GÉNÉRAL		1 531 000	
(1) Dont charges afférentes à des exercices antérieurs. Les conséquences des corrections d'erreurs significatives, calculées après impôt, sont présentées sur une ligne séparée sauf s'il s'agit de corriger une écriture ayant été directement imputée sur les capitaux propres. (2) Dont intérêts concernant les entités liées.			

(a) Y compris frais accessoires.
(b) Stock initial moins stock final : montant de la variation en moins entre parenthèses ou précédé du signe (–).
(c) A ventiler en « mobilier » et « immobilier ».
(d) Y compris éventuellement dotations aux amortissements des charges à répartir.
(e) À l'exception des valeurs mobilières de placement.

Art. 523 – 2 *(suite)* Modèle de compte de résultat (en tableau) *(système développé)*

PRODUITS (hors taxes)	Exercice N		Exercice N – 1
		Totaux partiels	Totaux partiels
Produits d'exploitation (1) :			
Ventes de marchandises		120 000	
Production vendue		1 000 000	
Ventes	1 000 000		
Travaux			
Prestations de services			
Montant net du chiffre d'affaires		1 120 000	
dont à l'exportation			
Production stockée *(a)*		70 000	
En-cours de production de biens *(a)*			
En-cours de production de services *(a)*			
Produits *(a)*	70 000		
Production immobilisée		10 000	
Subventions d'exploitation		30 000	
Reprises sur provisions (et amortissements)		100 000	
Transferts de charges			
Autres produits		10 000	
TOTAL		1 340 000	
Quotes-parts de résultat sur opérations faites en commun			
Produits financiers :		30 000	
De participation (2)			
D'autres valeurs mobilières et créances de l'actif immobilisé (2)	4 400		
Autres intérêts et produits assimilés (2)	500		
Reprises sur provisions et transferts de charges financières	25 000		
Différences positives de change	100		
Produits nets sur cessions de valeurs mobilières de placement			
Produits exceptionnels :		161 000	
Sur opérations de gestion	5 000		
Sur opérations en capital :			
– produits des cessions d'éléments d'actif *(c)*	150 000		
– subventions d'investissement virées au résultat de l'exercice			
– autres			
Reprises sur provisions et transferts de charges exceptionnelles	6 000		
Solde débiteur = **perte**			
TOTAL GÉNÉRAL		1 531 000	

(1) Dont produits afférents à des exercices antérieurs. Les conséquences des corrections d'erreurs significatives, calculées après impôt, sont présentées sur une ligne séparée sauf s'il s'agit de corriger une écriture ayant été directement imputée sur les capitaux propres.
(2) Dont produits concernant les entités liées.

(a) Stock final moins stock initial : montant de la variation en moins entre parenthèses ou précédé du signe (–) dans le cas de déstockage de production.
(c) À l'exception des valeurs mobilières de placement.

CHAPITRE 3

Les soldes intermédiaires de gestion

1 • DÉFINITION ET OBJECTIF

L'analyse ***quantitative*** de l'activité et de la performance économique de l'entreprise amène l'analyste financier à calculer, à partir du compte de résultat des soldes intermédiaires de gestion (***SIG***) représentant chacun une étape dans la formation du résultat.

Le calcul des soldes intermédiaires de gestion permet :

- de ***comprendre*** la formation du résultat net en le décomposant ;
- d'***apprécier*** la création de richesse générée par l'activité de l'entreprise ;
- de ***décrire*** la répartition de la richesse créée par l'entreprise entre les salariés et les organismes sociaux, l'État, les apporteurs de capitaux et l'entreprise elle-même ;
- de ***suivre*** dans l'espace et dans le temps l'évolution de la performance et de la rentabilité de l'activité de l'entreprise à l'aide de ratios d'activité, de profitabilité et de rentabilité.

Le Plan comptable général prévoit un ***modèle*** de tableau des soldes intermédiaires de gestion dont l'établissement n'a pas un caractère obligatoire.

L'article 532 – 7 du Plan comptable général précise que le tableau des soldes intermédiaires de gestion fait partie des ***informations de l'annexe*** dans le cadre du système développé.

Le tableau des soldes intermédiaires de gestion comprend ***neuf soldes*** successifs obtenus par différences entre certains produits et certaines charges.

Les ***trois premiers*** soldes sont destinés à l'analyse de l'activité de l'entreprise alors que les ***six suivants*** sont consacrés à l'analyse du résultat.

L'analyse quantitative doit être enrichie par des ***informations qualitatives*** relatives au secteur d'activité qui contribuent à influencer le niveau de résultat de l'entreprise, par exemple :

- l'évolution du marché ;
- l'application de nouveaux textes législatifs ;
- l'intégration de nouvelles normes environnementales ;
- l'étude de la concurrence ;

– les modes de distribution ;

– l'évolution des produits ;

– l'évolution de la technologie ;

– ...

2 • LA STRUCTURE ET L'INTERPRÉTATION DES SOLDES

A - La marge commerciale

1) Définition et calcul

La marge commerciale concerne uniquement les ***entreprises commerciales*** (entreprises qui achètent des biens pour les revendre en l'état, sans aucune transformation) ou les entreprises industrielles exerçant une ***activité commerciale***. Elle représente la ***ressource*** dégagée par l'activité commerciale de l'entreprise ; la marge commerciale permet de suivre l'évolution de la politique commerciale dans le temps et d'effectuer des comparaisons inter-entreprises.

Le calcul de la marge commerciale est le suivant :

Marge commerciale =
Ventes nettes de marchandises
–
Coût d'achat des marchandises vendues

La marge commerciale est un indicateur essentiel pour les entreprise commerciales, elle doit être suffisante pour ***couvrir*** toutes les charges en dehors du coût d'achat des marchandises vendues. Pour affiner l'analyse, elle peut être déterminée par lignes de produits afin d'étudier la ***contribution*** de chacune à la formation de la marge commerciale globale de l'entreprise.

2) L'évolution

La marge commerciale s'exprime souvent en ***pourcentage*** du chiffre d'affaires :

$$\text{Taux de marge commerciale} = \frac{\text{Marge commerciale}}{\text{Chiffre d'affaires HT}} \times 100$$

Plus le taux de marge est ***élevé***, plus l'activité commerciale est ***rentable***. L'évolution de la marge commerciale provient de la variation des trois facteurs suivants :

– chiffre d'affaires en volume et/ou en prix ;

– prix d'achat ;

– variation des stocks de marchandises (déstockage, surstockage).

Le niveau de la marge commerciale traduit également le pouvoir de ***négociation*** de l'entreprise face à ses fournisseurs et auprès de ses clients.

B - La production de l'exercice

1) Définition et calcul

La production de l'exercice permet d'apprécier l'***ensemble de l'activité*** de production des entreprises industrielles et de services pour une période. Cet indicateur est préféré au chiffre d'affaires qui ne renseigne que sur la production vendue pour mesurer l'activité de production.

Son calcul ne s'effectue pas par différence entre des produits et des charges, mais par la ***somme*** des éléments suivants :

Production de l'exercice =
Production vendue
±
Production stockée
+
Production immobilisée

L'évaluation des composants de la production de l'exercice est ***hétérogène*** ; en effet, la production vendue est évaluée au prix de vente alors que la production stockée et la production immmobilisée sont estimées au coût de production.

La production de l'exercice peut pour les besoins de l'analyse être ***décomposée*** par type de produits ou de services afin d'étudier la contribution de chacun à la formation de la production globale de l'exercice.

2) L'évolution

L'évolution de la production de l'exercice est étudiée à l'aide du taux de variation de la production :

$$\text{Taux de croissance de la production de l'exercice} = \frac{P_{(n)} - P_{(n-1)}}{P_{(n-1)}}$$

Pour connaitre les ***causes*** de la variation de la production de l'exercice, il est indispensable d'apprécier l'évolution de ses principales ***composantes*** (chiffre d'affaires et production stockée) :

$$\text{Taux de croissance du chiffre d'affaires hors taxes} = \frac{CA_{(n)} - CA_{(n-1)}}{CA_{(n-1)}}$$

L'interprétation de l'évolution de ce ratio permet de juger de la ***politique commerciale*** de l'entreprise.

Lorsqu'une ***différence sensible*** est constatée entre le taux de croissance de la production de l'exercice et le taux de croissance du chiffre d'affaires, celle-ci est due à la production stockée (stockage ou surstockage).

L'interprétation de l'évolution de la production stockée est délicate et nécessite le recours à des informations de la ***comptabilité analytique***. Par exemple, une augmentation de la production stockée peut résulter soit d'une surproduction par rapport au marché (mévente temporaire ou durable), soit du lancement d'un nouveau produit.

Pour compléter l'analyse de la performance économique de l'entreprise de production, il est utile de calculer la marge brute, indicateur ***non prévu*** dans le tableau des soldes intermédiaires de gestion :

Marge brute = Production de l'exercice – Coût d'achat des matières premières consommées

L'évolution de la marge brute dans le temps permet d'apprécier la ***politique d'approvisionnement*** de l'entreprise (choix des fournisseurs, maîtrise de la fluctuation des prix des matières premières, ...) et ses effets sur la rentabilité.

C- La valeur ajoutée

1) Définition et calcul

La valeur ajoutée représente l'***accroissement de valeur*** apportée par l'entreprise aux biens et services en provenance des tiers dans l'exercice de son activité principale.

Elle est considérée également comme la ***somme*** des rémunérations du personnel, de l'État, des apporteurs de capitaux ainsi que l'autofinancement.

La valeur ajoutée évalue la ***dimension économique*** de l'entreprise. Elle détermine la ***richesse*** créée et constituée par le travail du personnel et par l'entreprise elle-même.

Elle mesure le ***poids économique*** de l'entreprise.

La valeur ajoutée peut être calculée de ***deux*** manières :

① **Méthode soustractive** (préconisée par le Plan comptable général)

↓

Accroissement de valeur

Valeur ajoutée =
Marge commerciale **+** Production de l'exercice **–** Consommations de l'exercice en provenance des tiers

② **Méthode additive**

↓

Rémunération des facteurs de production et autofinancement

Valeur ajoutée   **=**
(Impôts, taxes et versements assimilés – Subventions d'exploitation)
+
Charges de personnel
+
(Dotations – Reprises)   des amortissements et des provisions d'exploitation
+
(Autres charges d'exploitation – Autres produits d'exploitation)
+
Résultat d'exploitation

Il est utile pour l'établissement du diagnostic financier d'étudier la ***contribution*** de chaque type d'activité ou de produits ou de services à la formation de la valeur ajoutée globale.

2) L'évolution

L'étude de l'évolution de la valeur ajoutée dans le temps permet d'apprécier la ***croissance*** ou la régression de l'entreprise. Le ratio utilisé est le suivant :

$$\text{Taux de variation de la valeur ajoutée} = \frac{VA_{(n)} - VA_{(n-1)}}{VA_{(n-1)}}$$

Les variations de ce ratio peuvent être dues :

- à la croissance ou à la régression de l'activité de l'entreprise mesurée par le chiffre d'affaires ou la production de l'exercice ;
- à la bonne ou à la mauvaise maîtrise des consommations externes ;
- au recours ou non à la sous-traitance ;
- à l'importance des moyens en personnel et en équipement mis en œuvre.

3) Le degré d'intégration et la répartition de la valeur ajoutée

La valeur ajoutée permet d'apprécier également la ***structure*** de l'entreprise, la ***productivité*** du personnel, le ***rendement*** des équipements de production, la ***part de richesse*** qui revient à chacun des bénéficiaires. À cet effet les ratios suivants sont utilisés :

Ratio	Calcul	Interprétation
Taux d'intégration	$\frac{\text{Valeur ajoutée}}{\text{Chiffre d'affaires HT}}$ $\frac{\text{Valeur ajoutée}}{\text{Production}}$	Ce ratio mesure la part de valeur ajoutée dans l'activité commerciale ou de production de l'entreprise : plus le ratio est important et moins l'entreprise fait appel aux tiers et inversement.
Productivité du personnel	$\frac{\text{Valeur ajoutée}}{\text{Effectif}}$	Ce ratio mesure la part de richesse créée par chaque salarié ; il permet d'apprécier le niveau de compétitivité de l'entreprise.
Rendement de l'équipement	$\frac{\text{Valeur ajoutée}}{\text{Équipement de production}}$	Ce ratio mesure la part de richesse créée par euro investi ; il indique le degré de performance de l'équipement.
Part de valeur ajoutée revenant au personnel	$\frac{\text{Charges de personnel}}{\text{Valeur ajoutée}}$	Ce ratio mesure la part de valeur ajoutée consacrée à la rémunération du facteur travail ; il permet d'apprécier la politique salariale de l'entreprise.
Part de valeur ajoutée revenant aux prêteurs	$\frac{\text{Charges financières (Intérêts)}}{\text{Valeur ajoutée}}$	Ce ratio mesure la part de valeur ajoutée consacrée à la rémunération des prêteurs ; il indique le degré d'endettement de l'entreprise.
Part de valeur ajoutée revenant aux associés	$\frac{\text{Dividendes + Intérêts des comptes courants}}{\text{Valeur ajoutée}}$	Ce ratio mesure la part de valeur ajoutée consacrée à la rémunération des apporteurs de capitaux.
Part de valeur ajoutée revenant à l'entreprise	$\frac{\text{Autofinancement (1)}}{\text{Valeur ajoutée}}$	Ce ratio mesure la part de valeur ajoutée qui reste à l'entreprise pour renouveler ou accroître ses investissements, rembourser ses emprunts et s'assurer une sécurité financière.

(1) Cette notion est étudiée au chapitre 4, page 58.

D - L'excédent brut d'exploitation

1) Définition et calcul

L'excédent brut d'exploitation (*EBE*) représente la ***part*** de la valeur ajoutée qui revient à l'entreprise et aux apporteurs de capitaux. Il indique la ***ressource*** générée par l'exploitation de l'entreprise indépendamment de la politique d'amortissements (dotations) et du mode de financement (charges financières).

L'excédent brut d'exploitation peut être ***négatif***, il s'agit alors d'une insuffisance brute d'exploitation (*IBE*).

L'excédent brut d'exploitation est un indicateur de la ***performance*** industrielle et commerciale ou de la ***rentabilité économique*** de l'entreprise.

En outre, il représente le ***surplus monétaire potentiel*** dégagé par l'activité principale de l'entreprise.

Il est utile de ***décomposer*** l'excédent brut d'exploitation global par ligne de produits ou de services afin de repérer les activités qui génèrent un excédent brut d'exploitation insatisfaisant, voire une insuffisance brute d'exploitation.

L'excédent brut d'exploitation est un indicateur privilégié pour la comparaison ***interentreprises*** dans la mesure où il ne prend pas en compte les choix des dirigeants en matière de politiques d'amortissement, de financement, de distribution de dividendes et de mode d'imposition.

L'excédent brut d'exploitation s'obtient à partir du calcul suivant :

Excédent brut d'exploitation =
Valeur ajoutée
+
Subventions d'exploitation
–
Impôts, taxes et versements assimilés
–
Charges de personnel

2) L'évolution

L'analyse de l'évolution de l'excédent brut d'exploitation dans le temps permet d'apprécier la capacité de l'entreprise à ***maîtriser*** ses charges de personnel face aux variations de son activité et à ***rentabiliser*** son activité principale.

L'évolution de l'excédent brut d'exploitation se mesure par le calcul de son taux de variation :

$$\textbf{Taux de variation de l'excédent brut d'exploitation} = \frac{EBE_{(n)} - EBE_{(n-1)}}{EBE_{(n-1)}}$$

Un taux de croissance élevé traduit une forte capacité de développement des activités industrielles et commerciales de l'entreprise et inversement.

3) La profitabilité et la rentabilité économiques

La profitabilité économique représente la capacité de l'entreprise à ***générer un résultat*** pour un ***niveau d'activité*** mesuré par le chiffre d'affaires, la production ou la valeur ajoutée, compte tenu uniquement de son activité industrielle et commerciale.

Elle est étudiée à partir des ***deux ratios*** suivants :

$$\textbf{Taux de marge brute d'exploitation} = \frac{\text{Excédent brut d'exploitation}}{\text{Chiffre d'affaires HT}}$$

Une baisse significative de ce ratio dans le temps, due à une diminution de l'excédent brut d'exploitation est préoccupante car elle se répercute sur la rentabilité de l'entreprise et sur le niveau d'autofinancement.

Plus l'entreprise est équipée, plus ce ratio doit être élevé de façon à couvrir les coûts de remplacement (dotations aux amortissements).

$$\text{Partage de la valeur ajoutée (facteur capital)} = \frac{\text{Excédent brut d'exploitation}}{\text{Valeur ajoutée}}$$

Ce ratio mesure la part de richesse qui sert à rémunérer les ***apporteurs de capitaux*** et à renouveler le capital investi.

L'entreprise doit rechercher à ***optimiser*** ce ratio par rapport à celui qui mesure la part de richesse revenant au facteur travail tout en prenant en compte les particularités du secteur d'activité.

La rentabilité économique représente la capacité de l'entreprise à ***générer un résultat*** à partir d'un montant de ***capital engagé pour l'exploitation*** (Immobilisations pour l'exploitation + Stocks et Créances d'exploitation – Dettes d'exploitation) :

$$\text{Taux de rentabilité économique} = \frac{\text{Excédent brut d'exploitation}}{\text{Capital engagé pour l'exploitation}}$$

Ce ratio mesure la ***performance*** de l'exploitation. Plus ce ratio est élevé plus l'activité d'exploitation est efficace pour rentabiliser le capital d'exploitation.

E - Le résultat d'exploitation

1) Définition et calcul

Le résultat d'exploitation représente le profit ou la perte généré par l'activité qui conditionne l'existence de l'entreprise. Il mesure la ***performance industrielle et commerciale*** de l'entreprise indépendamment de sa politique financière, mais influencée par la politique d'amortissement.

Le résultat d'exploitation constitue un résultat économique ***net***.

Il est égal à :

Résultat d'exploitation =
Excédent brut d'exploitation (1)
+
Reprises et transferts sur charges d'exploitation
+
Autres produits de gestion
–
Dotations aux amortissements et aux provisions d'exploitation
–
Autres charges de gestion

(1) ou insuffisance brute d'exploitation

2) L'évolution

La ***progression*** du résultat d'exploitation dans le temps traduit en principe une ***amélioration*** des performances de l'entreprise et inversement ; pour s'en assurer, il est utile de compléter l'analyse de l'évolution du résultat d'exploitation par l'évolution de la marge nette d'exploitation et celle de la rentabilité économique nette.

3) La profitabilité et la rentabilité économiques nettes

La profitabilité économique nette s'obtient à l'aide du ratio :

$$\textbf{Taux de marge nette d'exploitation} = \frac{\text{Résultat d'exploitation}}{\text{Chiffre d'affaires HT}}$$

Ce ratio mesure la profitabilité des activités industrielles et commerciales ***indépendamment*** de la part respective des facteurs de production (travail, capital) et du mode de financement.

La rentabilité économique nette est mesurée par le ratio :

$$\textbf{Taux de rentabilité économique nette} = \frac{\text{Résultat d'exploitation}}{\text{Capital engagé pour l'exploitation}}$$

L'évolution de ce ratio doit être ***comparée*** à celle du résultat d'exploitation pour confirmer ou infirmer l'amélioration de la performance des activités industrielles et commerciales de l'entreprise

F - Le résultat courant avant impôts

1) Définition et calcul

Le résultat courant avant impôts mesure la ***performance*** des activités d'exploitation et financière de l'entreprise. Il est intéressant de le ***comparer*** au résultat d'exploitation pour analyser l'incidence de la ***politique financière*** sur la formation du résultat.

Le résultat courant avant impôts est égal au calcul suivant :

Résultat courant avant impôts   **=**
Résultat d'exploitation   ±   Quotes-parts de résultat sur opérations faites en commun   +   Produits financiers   –   Charges financières

2) L'évolution

L'analyse du résultat courant avant impôts permet de suivre l'évolution dans le temps de la rentabilité de l'activité ***normale*** de l'entreprise et d'apprécier la ***profitabilité*** en tenant compte de sa politique financière.

3) La profitabilité financière

La profitabilité financière représente la capacité de l'entreprise à ***générer*** un ***résultat*** pour un niveau d'activité mesuré par le chiffre d'affaires, en tenant compte des ***opérations financières***.

Elle se calcule à partir du ratio suivant :

$$\text{Taux de profitabilité financière} = \frac{\text{Résultat courant}}{\text{Chiffre d'affaires HT}}$$

Le taux de profitabilité financière doit être rapproché de celui de profitabilité économique pour analyser les effets de la politique financière de l'entreprise.

G - Le résultat exceptionnel

Le résultat exceptionnel n'est pas calculé à partir d'un solde précédent. C'est le résultat des opérations ***non courantes*** de l'entreprise. Il est égal à :

Résultat exceptionnel =
Produits exceptionnels
–
Charges exceptionnelles

Le résultat exceptionnel peut refléter la politique d'investissement de l'entreprise si les cessions d'immobilisations sont significatives.

H - Le résultat net de l'exercice

1) Définition et calcul

Le résultat net de l'exercice représente ce qui ***reste*** à la disposition de l'entreprise après versement de la participation des salariés et paiement de l'impôt sur les sociétés. En principe, une partie de ce résultat est ***distribuée aux associés*** et une autre est réservée à la constitution de l'***autofinancement*** de l'entreprise pour assurer sa ***croissance***.

Le résultat net de l'exercice s'obtient de la manière suivante :

Résultat net de l'exercice =
Résultat courant avant impôts
±
Résultat exceptionnel
–
Participation des salariés
–
Impôts sur les bénéfices

C'est le résultat net comptable qui détermine si l'entreprise est bénéficiaire ou déficitaire.

2) La rentabilité financière

Le résultat net de l'exercice permet de mesurer la ***rentabilité des capitaux investis*** par les associés à l'aide du ratio suivant :

$$\text{Taux de rentabilité financière} = \frac{\text{Résultat net}}{\text{Capitaux propres}}$$

Plus le taux de rentabilité financière est ***élevé***, plus les associés actuels ou futurs sont ***confiants*** mais à condition qu'il ne corresponde pas à une insuffisance des capitaux propres.

La rentabilité financière d'une entreprise peut être ***améliorée*** en ayant recours à l'endettement à condition que le coût des emprunts soit ***inférieur*** au taux de rentabilité économique net d'impôt ; il s'agit de l'***effet de levier***, dont la formulation est la suivante :

$$\text{Effet de levier (E)} = \left(\text{Taux de rentabilité économique après impôt (RE)} - \text{Taux d'intérêt de l'emprunt (I)}\right) \frac{\text{Capitaux empruntés}}{\text{Capitaux propres}}$$

Si RE > à I $\Rightarrow$ E > 0 $\Rightarrow$ Amélioration de la rentabilité financière

Si RE < à I $\Rightarrow$ E < 0 $\Rightarrow$ Diminution de la rentabilité financière (effet de massue)

L'effet de levier est cependant ***limité*** par la capacité d'endettement de l'entreprise et le risque financier qui en découle.

I - Les plus-values et moins-values sur cessions d'éléments d'actif

Ce solde permet de mesurer le ***désinvestissement*** dans l'entreprise ; un désinvestissement important peut résulter de difficultés financières dues à un ralentissement de l'activité.

Il est égal à :

Plus-values et moins-values sur cessions d'éléments d'actif   **=**
Produits des cessions d'éléments d'actif   **–**   Valeurs comptable des éléments d'actif cédés

3 • LA HIÉRARCHIE DES SOLDES

Le schéma suivant fait apparaître les neuf soldes intermédiaires de gestion et leur ***correspondance avec les comptes*** du Plan comptable général :

Comptes		Calcul
707 – 7097		Ventes nettes
607 – 6097 ± 6037	–	Coût d'achat des marchandises vendues
(1)	=	**Marge commerciale**

	Calcul	Comptes
	Production vendue	**70** (sf 707) **– 709**
±	Production stockée	**71**
+	Production immobilisée	**72 et 73**
(2) =	**Production de l'exercice**	

	Calcul	Comptes
	Marge commerciale	
+	Production de l'exercice	
–	Consommations de l'exercice en provenance des tiers	**601 à 606 – 6091 à 6096 ± 6031 et 6032 ; 61 et 62**
(3) =	**Valeur ajoutée**	

	Calcul	Comptes
	Valeur ajoutée	
+	Subventions d'exploitation	**74**
–	Impôts, taxes et versements assimilés	**63**
–	Charges de personnel	**64**
(4) =	**Excédent brut d'exploitation**	

	Calcul	Comptes
	Excédent brut d'exploitation	
+	Reprises sur charges d'exploitation	**781**
+	Transferts de charges d'exploitation	**791**
+	Autres produits de gestion	**75** (sf 755)
–	Dotations aux amortissements et aux provisions	**681**
–	Autres charges de gestion	**65** (sf 655)
(5) =	**Résultat d'exploitation**	

	Calcul	Comptes
	Résultat d'exploitation	
±	Quotes-parts de résultat sur opérations faites en commun	**755 – 655**
+	Produits financiers	**76 ; 786 et 796**
–	Charges financières	**66 et 686**
(6) =	**Résultat courant avant impôts**	

Comptes	Calcul
77 ; 787 et 797	Produits exceptionnels
	–
67 et 687	Charges exceptionnelles
	=
(7)	**Résultat exceptionnel**

	Calcul	Comptes
	Résultat courant avant impôts	
±	Résultat exceptionnel	
–	Participation des salariés	**691**
–	Impôts sur les bénéfices	**695 et 697**
(8) =	**Résultat net de l'exercice**	

	Calcul	Comptes
	Produits des cessions d'éléments d'actif	**775**
–	Valeurs comptables des éléments d'actif cédés	**675**
(9) =	**Plus-values et moins-values sur cessions d'éléments d'actif**	

4 • LE TABLEAU DES SOLDES INTERMÉDIAIRES DE GESTION

Le Plan comptable général a prévu une présentation normalisée du tableau des soldes intermédiaires de gestion à l'article 532 – 7 qui se présente comme suit :

Art. 532 – 7 Tableau des soldes intermédiaires de gestion

Produits (Colonne 1)		**Charges** (Colonne 2)		**Soldes intermédiaires** (Colonne 1 – Colonne 2)	**N**	**N – 1**
Ventes de marchandises............	....	Coût d'achat des marchandises vendues......................	....	• Marge commerciale..............	....	....
Production vendue	....					
Production stockée	....	ou Déstockage de production (a)..	....			
Production immobilisée	....					
Total.................	....	**Total**.................	....	• Production de l'exercice..........	....	....
• Production de l'exercice.........	....	Consommation de l'exercice en provenance de tiers...........	....			
• Marge commerciale................	....					
Total.................	....		....	• Valeur ajoutée........................	....	....
• Valeur ajoutée........................	....	Impôts, taxes et versements assimilés (b).............................	....			
Subventions d'exploitation.....	....	Charges de personnel...........	....			
Total.................	....	**Total**.................	....	• Excédent brut (ou insuffisance brute) d'exploitation..............	....	....
• Excédent brut d'exploitation...	....	• ou Insuffisance brute d'exploitation....................................	....			
Reprises sur charges et transferts de charges....................	....	Dotations aux amortissements et aux provisions.........	....			
Autres produits......................	....	Autres charges......................	....			
Total.................	....	**Total**.................	....	• Résultat d'exploitation (bénéfice ou perte).........................	....	....
• Résultat d'exploitation...........	....	• ou Résultat d'exploitation.......	....			
Quotes-parts de résultat sur opérations faites en commun.	....	Quotes-parts de résultat sur opérations faites en commun.	....			
Produits financiers.................	....	Charges financières..............	....			
Total.................	....	**Total**.................	....	• Résultat courant avant impôts (bénéfice ou perte).................	....	....
Produits exceptionnels..........	....	Charges exceptionnelles........	....	• Résultat exceptionnel (bénéfice ou perte).........................	....	....
• Résultat courant avant impôts	....	• ou Résultat courant avant impôts.................................	....			
• Résultat exceptionnel............	....	• ou Résultat exceptionnel........	....			
		Participation des salariés........	....			
		Impôts sur les bénéfices.........	....			
Total.................	....	**Total**.................	....	• Résultat de l'exercice (bénéfice ou perte) (c).....................	....	....
Produits des cessions d'éléments d'actif...........................	....	Valeur comptable des éléments cédés..........................	....	Plus-values et moins-values sur cessions d'éléments d'actif......	....	....

(a) En déduction des produits dans le compte de résultat.

(b) Pour le calcul de la valeur ajoutée, sont assimilés à des consommations externes les impôts indirects à caractère spécifique inscrits au compte 635 « Impôts, taxes et versements assimilés » et acquittés lors de la mise à la consommation des biens taxables.

(c) Soit total général des produits – total général des charges.

Lorsqu'un solde est ***négatif***, il s'inscrit du côté des charges et s'additionne à celles-ci.

5 • APPLICATION

L'entreprise Ralf vous communique la liste des postes de charges et de produits de son compte de résultat :

Charges	Montant	Produits	Montant
Charges d'exploitation		**Produits d'exploitation**	
Coût d'achat des marchandises vendues dans l'exercice	72 000	Ventes de marchandises	120 000
Consommations de l'exercice en provenance des tiers	530 000	Production vendue	1 000 000
Impôts, taxes et versements assimilés	50 000	Production stockée	70 000
Charges de personnel	250 000	Production immobilisée	10 000
Dotations aux amortissements et aux provisions	130 000	Subventions d'exploitation	30 000
Autres charges	5 000	Reprises sur provisions (et amortissements)	100 000
		Autres produits	10 000
Charges financières		**Produits financiers**	
Dotations aux amortissements et aux provisions	400	D'autres valeurs mobilières et créances de l'actif immobilisé	4 400
Intérêts et charges assimilées	18 750	Autres intérêts et produits assimilés	500
Charges nettes sur cessions de valeurs mobilières de placement	11 250	Reprises sur provisions et transferts de charges financières	25 000
		Différences positives de change	100
Charges exceptionnelles		**Produits exceptionnels**	
Valeurs comptables des éléments d'actif cédés	60 000	Sur opérations de gestion	5 000
Dotations aux provisions réglementées	13 000	Produits des cessions d'éléments d'actif	150 000
Dotations aux amortissements et autres provisions	17 000	Reprises sur provisions et transferts de charges exceptionnelles	6 000
Impôt sur les bénéfices	200 000		

Les calculs préliminaires sont les suivants :

– total des produits financiers :

4 400 + 500 + 25 000 + 100 = 30 000 €.

– total des charges financières :

400 + 18 750 + 11 250 = 30 400 €.

– total des produits exceptionnels :

5 000 + 150 000 + 6 000 = 161 000 €.

– total des charges exceptionnelles :

60 000 + 13 000 +17 000 = 90 000 €.

Le tableau des soldes intermédiaires de gestion s'établit comme suit :

Art. 532 – 7 Tableau des soldes intermédiaires de gestion

Voir tableau page ci-contre.

Produits (Colonne 1)		Charges (Colonne 2)		Soldes intermédiaires (Colonne 1 – Colonne 2)	N	N – 1
Ventes de marchandises	120 000	Coût d'achat des marchandises vendues	72 000	• Marge commerciale	48 000	
Production vendue Production stockée Production immobilisée	1 000 000 70 000 10 000	ou Déstockage de production (a)				
Total	1 080 000	Total		• Production de l'exercice	1 080 000	
• Production de l'exercice • Marge commerciale	1 080 000 48 000	Consommation de l'exercice en provenance de tiers	530 000			
Total	1 128 000		530 000	• Valeur ajoutée	598 000	
• Valeur ajoutée Subventions d'exploitation	598 000 30 000	Impôts, taxes et versements assimilés (b) Charges de personnel	50 000 250 000			
Total	628 000	Total	300 000	• Excédent brut (ou insuffisance brute) d'exploitation	328 000	
• Excédent brut d'exploitation Reprises sur charges et transferts de charges Autres produits	328 000 100 000 10 000	• ou Insuffisance brute d'exploitation Dotations aux amortissements et aux provisions Autres charges	 130 000 5 000			
Total	438 000	Total	135 000	• Résultat d'exploitation (bénéfice ou perte)	303 000	
• Résultat d'exploitation Quotes-parts de résultats sur opérations faites en commun Produits financiers	303 000 30 000	• ou Résultat d'exploitation Quotes-parts de résultats sur opérations faites en commun Charges financières	 30 400			
Total	333 000	Total	30 400	• Résultat courant avant impôts (bénéfice ou perte)	302 600	
Produits exceptionnels	161 000	Charges exceptionnelles	90 000	• Résultat exceptionnel (bénéfice ou perte)	71 000	
• Résultat courant avant impôts • Résultat exceptionnel	302 600 71 000	• ou Résultat courant avant impôts • ou Résultat exceptionnel Participation des salariés Impôts sur les bénéfices	 200 000			
Total	373 600	Total	200 000	• Résultat de l'exercice (bénéfice ou perte) (c)	173 600	
Produits des cessions d'éléments d'actif	150 000	Valeur comptable des éléments cédés	60 000	Plus-values et moins-values sur cessions d'éléments d'actif	90 000	

(a) En déduction des produits dans le compte de résultat.
(b) Pour le calcul de la valeur ajoutée, sont assimilés à des consommations externes les impôts indirects à caractère spécifique inscrits au compte 635 « Impôts, taxes et versements assimilés » et acquittés lors de la mise à la consommation des biens taxables.
(c) Soit total général des produits – total général des charges.

6 • LES RETRAITEMENTS DES SOLDES INTERMÉDIAIRES DE GESTION

Les charges et les produits tels qu'ils sont classés pour déterminer les soldes intermédiaires de gestion du Plan comptable général subissent des retraitements, préconisés par la Centrale de bilans (CDB), afin de refléter au mieux la ***réalité économique*** de l'entreprise et de rendre plus ***pertinente*** l'analyse découlant des comparaisons interentreprises.

A - Les retraitements relatifs aux charges de personnel

Le personnel intérimaire et la participation des salariés aux résultats sont intégrés aux charges de personnel afin de déterminer le ***coût du facteur travail***. Ceci a pour conséquence de modifier la valeur ajoutée et l'excédent brut d'exploitation.

B - Les retraitements relatifs au crédit-bail

Le crédit-bail est considéré comme une acquisition financée par un emprunt.

La redevance de crédit-bail est scindée en dotations aux amortissements et en charges d'intérêt. Ces retraitements donnent une meilleure image du ***coût du capital technique***. La valeur ajoutée, le résultat d'exploitation et le résultat courant avant impôts se trouvent modifiés.

C - Les retraitements relatifs aux subventions d'exploitation

Les subventions d'exploitation sont intégrées dans la valeur ajoutée. Elles sont traitées comme des ***compléments*** de chiffre d'affaires.

D - Les retraitements relatifs aux impôts et taxes

Les impôts, taxes et versements assimilés sont intégrés aux ***consommations*** de l'exercice en provenance des tiers ; la valeur ajoutée est alors modifiée.

E - Le tableau récapitulatif des retraitements

Le tableau ci-contre résume les différents retraitements effectués par la Centrale de bilans :

Soldes intermédiaires de gestion

du Plan comptable général	Retraitements	de la Centrale de bilans
Production de l'exercice	+ Subventions d'exploitation	= Production de l'exercice
Valeur ajoutée	+ Subventions d'exploitation + Redevances crédit-bail + Personnel extérieur – Impôts, taxes et versements assimilés	= Valeur ajoutée
Excédent brut d'exploitation	+ Redevances crédit-bail – Participation des salariés	= Excédent brut d'exploitation
Résultat d'exploitation	+ Charges financières sur crédit-bail – Participation des salariés	= Résultat d'exploitation
Résultat courant avant impôts	– Participation des salariés	= Résultat courant avant impôts

Les soldes de la Centrale de bilans après le « Résultat courant avant impôts » sont identiques à ceux du Plan comptable général.

CHAPITRE 4

La capacité d'autofinancement

1 • DÉFINITION ET OBJECTIF

La capacité d'autofinancement (*CAF*) représente l'ensemble des ***ressources de financement internes*** dégagé par l'activité de l'entreprise durant l'exercice et dont elle pourrait se servir pour assurer les besoins financiers inhérents à son développement et à sa pérennité.

Elle permet à l'entreprise de financer ***par ses propres moyens*** :

– la ***rémunération*** des associés ;

– le ***renouvellement*** des investissements ;

– l'***acquisition*** de nouveaux investissements ;

– l'***augmentation*** de sa marge de sécurité financière ;

– le ***remboursement*** des emprunts ;

– la ***couverture*** des pertes probables et des risques.

La capacité d'autofinancement mesure la capacité de développement de l'entreprise, son degré d'indépendance financière et donc son potentiel d'endettement.

2 • LE CALCUL DE LA CAPACITÉ D'AUTOFINANCEMENT

La capacité d'autofinancement se détermine à partir du tableau des soldes intermédiaires de gestion.

Elle constitue un ***surplus monétaire potentiel*** et non disponible dégagé par l'activité de l'entreprise car elle est calculée en faisant abstraction des délais d'encaissement des produits et des délais de décaissement des charges qui la composent.

La capacité d'autofinancement peut être évaluée selon ***deux méthodes*** de calcul :

① **Méthode soustractive**

↓

Préconisée par le Plan comptable général.

↓

Calcul à partir de l'excédent brut d'exploitation.

② **Méthode additive**

↓

Utilisée sur un plan pratique.

↓

Calcul à partir du résultat net.

Avant d'étudier en détail les composantes de chacune des deux méthodes, il est nécessaire de ***classer*** les charges et les produits selon leur conséquence sur la trésorerie.

On distingue à cet effet :

Les charges		**Les produits**	
Décaissables	**Non décaissables**	**Encaissables**	**Non encaissables**
Ce sont des charges qui entraînent des ***dépenses*** (achats, charges externes, charges de personnel, ...).	Ce sont des charges ***calculées*** qui n'entraînent ***pas de dépenses*** (dotations aux amortissements et aux provisions et valeur comptable des éléments d'actif cédés).	Ce sont des produits qui génèrent ***des recettes*** (chiffre d'affaires, revenus financiers, ...).	Ce sont des produits ***calculés*** qui ne génèrent ***pas de recettes*** (reprises sur amortissements et provisions, quote-part de subventions d'investissement virées aux résultat).

A- La méthode soustractive

La méthode soustractive explique la formation de la capacité d'autofinancement ***à partir de l'excédent brut d'exploitation*** (ou de l'insuffisance brute d'exploitation) qui s'obtient par différence entre les produits encaissables et les charges décaissables de l'activité d'exploitation :

Capacité d'autofinancement	=	Excédent brut d'exploitation	+	Autres produits encaissables (sauf produits des cessions d'éléments d'actif)	–	Autres charges décaissables

Le Plan comptable général propose un ***modèle de détermination*** de la capacité d'autofinancement présenté sous la forme de tableau à l'article 532 – 8 :

Art. 532 – 8 Détermination de la capacité d'autofinancement
(à partir des postes du compte de résultat)

Voir page ci-contre.

		Numéro des comptes du Plan comptable général
	Excédent brut d'exploitation (ou insuffisance brute d'exploitation)	
+	Transferts de charges (d'exploitation)	791
+	Autres produits (d'exploitation)	75 (sauf 755)
–	Autres charges (d'exploitation)	65 (sauf 655)
±	Quotes-parts de résultat sur opérations faites en commun	(755 – 655)
+	Produits financiers **(a)**	76 et 796
–	Charges financières **(b)**	66
+	Produits exceptionnels **(c)**	77 (sf 775, 777) et 797
–	Charges exceptionnelles **(d)**	671 (sauf 675)
–	Participation des salariés aux résultats	691
–	Impôts sur les bénéfices	695
=	CAPACITÉ D'AUTOFINANCEMENT	

(a) Sauf reprises sur provisions.
(b) Sauf dotations aux amortissements et aux provisions financiers.
(c) Sauf : – produits des cessions d'immobilisations,
– quotes-parts des subventions d'investissement virées au résultat de l'exercice,
– reprises sur provisions exceptionnelles.
(d) Sauf : – valeur comptable des immobilisations cédées,
– dotations aux amortissements et aux provisions exceptionnels.

B- La méthode additive

En pratique, ***un calcul plus rapide*** de la capacité d'autofinancement s'opère à partir du résulat net de l'exercice :

Capacité d'autofinancement	=	Résultat net	+	Charges non décaissables	–	Produits non encaissables	–	Produits des cessions d'éléments d'actif

Le détail du calcul est le suivant :

		Numéro des comptes du Plan comptable général
	RÉSULTAT NET DE L'EXERCICE	
+	Dotations aux amortissements et provisions	681 et 686 et 687
–	Reprises sur amortissements et provisions	781 et 786 et 787
+	Valeur comptable des éléments d'actif cécés	675
–	Produits des cessions d'éléments d'actif immobilisés	775
–	Quote-part des subventions d'investissement virées au résultat de l'exercice	777
=	CAPACITÉ D'AUTOFINANCEMENT	

3 • L'AUTOFINANCEMENT

L'autofinancement correspond au ***reste*** de capacité d'autofinancement après avoir distribué les dividendes aux associés :

Autofinancement = Capacité d'autofinancement – Dividendes payés en N

L'autofinancement est consacré :

– ***à maintenir*** le patrimoine et le niveau d'activité ;

– ***à financer*** une partie de la croissance de l'entreprise.

4 • L'ÉVOLUTION DE LA CAPACITÉ D'AUTOFINANCEMENT ET DE L'AUTOFINANCEMENT

Plus la capacité d'autofinancement est ***élevée***, plus l'entreprise est ***indépendante*** financièrement et plus elle pourra avoir recours aux emprunts en cas de besoin. Toutefois, un autofinancement excessif peut détourner les associés de l'entreprise par manque de distribution de dividendes.

Par contre, une ***détérioration*** régulière de la capacité d'autofinancement ou une capacité d'autofinancement négative traduit une situation critique et une ***augmentation*** du risque financier.

A - La capacité de remboursement

La capacité d'autofinancement permet d'apprécier la capacité de remboursement de l'entreprise à l'aide du ratio :

$$\text{Capacité de remboursement} = \frac{\text{Dettes financières}}{\text{Capacité d'autofinancement}}$$

Le niveau d'endettement ne doit pas dépasser ***trois ou quatre fois*** la capacité d'autofinancement

La capacité d'endettement doit être rapprochée du taux de rentabilité financière afin d'affiner l'analyse de l'effet de levier (voir page 47).

B - La valeur ajoutée consacrée à l'autofinancement

L'autofinancement est la part de valeur ajoutée qui revient à l'entreprise. Il est intéressant de mettre en rapport ces deux indicateurs et d'en apprécier l'évolution à partir du ratio suivant :

$$\text{Autofinancement} = \frac{\text{Autofinancement}}{\text{Valeur ajoutée}}$$

L'évolution ***positive*** de ce ratio dans le temps traduit une ***amélioration*** de l'indépendance financière de l'entreprise et inversement.

Il indique également le ***rôle***, plus ou moins important, de la valeur ajoutée dans la constitution de l'autofinancement.

5 • APPLICATION

L'entreprise Ralf dégage un résultat net de l'exercice de 173 600 euros avec un excédent brut d'exploitation d'un montant de 328 000 euros.

Les postes suivants vous sont communiqués :

Intitulé	Montant
Charges	
Dotations aux amortissements et aux provisions d'exploitation	130 000
Autres charges	5 000
Dotations aux amortissements et aux provisions financières	400
Intérêts et charges assimilées	18 750
Charges nettes sur cessions de valeurs mobilières de placement	11 250
Valeurs comptables des éléments d'actif cédés	60 000
Dotations aux provisions réglementées	13 000
Dotations aux amortissements et autres provisions exceptionnelles	17 000
Impôts sur les bénéfices	200 000
Produits	
Reprises sur provisions (et amortissements) d'exploitation	100 000
Autres produits	10 000
D'autres valeurs mobilières et créances de l'actif immobilisé	4 400
Autres intérêts et produits assimilés	500
Reprises sur provisions et transferts de charges financières	25 000
Différences positives de change	100
Produits exceptionnels sur opérations de gestion	5 000
Produits des cessions d'éléments d'actif	150 000
Reprises sur provisions et transferts de charges exceptionnelles	6 000

Calculs justificatifs

Méthode soustractive

Charges financières : compte 66 ; soit :

18 750 + 11 250 = 30 000 €.

Produits financiers : compte 76 ; soit :

4 400 + 500 + 100 = 5 000 €.

Produits exceptionnels : compte 77 (sauf 775) ; soit : 5 000 €.

Méthode additive

Dotations aux amortissements et aux provisions : comptes 681 ; 686 ; 687 ; soit :

130 000 + 400 + 13 000 + 17 000 = 160 400 €.

Reprises sur amortissements et provisions: comptes 781 ; 786 ; 787 ; soit :

100 000 + 25 000 + 6 000 = 131 000 €.

Le calcul de la capacité d'autofinancement à l'aide de la méthode soustractive se présente comme suit :

Art. 532 – 8 Détermination de la capacité d'autofinancement
(à partir des postes du compte de résultat)

	Excédent brut d'exploitation (ou insuffisance brute d'exploitation)	328 000
+	Transferts de charges (d'exploitation)	
+	Autres produits (d'exploitation)	10 000
–	Autres charges (d'exploitation)	5 000
±	Quotes-parts de résultat sur opérations faites en commun	
+	Produits financiers **(a)**	5 000
–	Charges financières **(b)**	30 000
+	Produits exceptionnels **(c)**	5 000
–	Charges exceptionnelles **(d)**	
–	Participation des salariés aux résultats	
–	Impôts sur les bénéfices	200 000
=	CAPACITÉ D'AUTOFINANCEMENT	**113 000**

(a) Sauf reprises sur provisions.
(b) Sauf dotations aux amortissements et aux provisions financiers.
(c) Sauf : – produits des cessions d'immobilisations,
– quotes-parts des subventions d'investissement virées au résultat de l'exercice,
– reprises sur provisions exceptionnelles.
(d) Sauf : – valeur comptable des immobilisations cédées,
– dotations aux amortissements et aux provisions exceptionnels.

Le calcul par la méthode additive est le suivant :

	RÉSULTAT NET DE L'EXERCICE	173 600
+	Dotations aux amortissements et provisions	160 400
–	Reprises sur amortissements et provisions	131 000
+	Valeur comptable des éléments d'actif cédés	60 000
–	Produits des cessions d'éléments d'actif immobilisés	150 000
–	Quote-part des subventions d'investissement virées au résultat de l'exercice	
=	CAPACITÉ D'AUTOFINANCEMENT	**113 000**

CHAPITRE 5

La variabilité des charges et le seuil de rentabilité

1 • DÉFINITION ET OBJECTIF

L'analyse de l'activité et de la performance de l'entreprise à l'aide des soldes intermédiaires de gestion et de la capacité d'autofinancement est utilement complétée par l'étude de la ***structure des coûts*** et de son influence sur la ***rentabilité de l'exploitation*** de l'entreprise.

L'examen du ***comportement*** des charges, pour un niveau d'activité donné et le suivi de leur évolution, permet de calculer des indicateurs de gestion qui viennent enrichir les ***prises de décision*** des dirigeants, notamment sur les choix d'intégration ou d'externalisation de la production, en matière de restructuration, …

A - La variabilité des charges

Certaines charges de l'entreprise ***varient*** selon la production ou l'activité alors que d'autres sont ***indépendantes*** du niveau d'activité dans une structure donnée.

Cette différence de comportement conduit à reclasser les charges en ***trois catégories*** :

Les charges fixes ou de structure →
- liées à la structure de l'entreprise ;
- indépendantes du niveau d'activité tant que la structure n'évolue pas ;
- varient par paliers ;
- *exemple* : loyers, assurances, salaires, amortissements, …

Les charges variables ou opérationnelles →
- souvent proportionnelles à l'activité ou à la production ;
- *exemple* : achats consommés, transports sur ventes, …

Les charges semi-variables ou mixtes →
- comportent une partie fixe et une partie variable ;
- varient non proportionnellement à l'activité ou à la production ;
- doivent être réparties en charges fixes et en charges variables ;
- *exemple* : salaires des commerciaux, dépenses de téléphone, …

Le reclassement des charges en charges variables et en charges fixes permet de mettre en évidence :

- des ***coûts variables*** par activité ou par produit ;
- des ***marges sur coûts variables*** par activité ou par produit, obtenues par différence entre un prix de vente et un coût variable ;
- des ***coûts fixes*** traités globalement pour déterminer le ***résultat courant*** de l'entreprise.

B - Le seuil de rentabilité

Le seuil de rentabilité est le chiffre d'affaires ou le niveau d'activité que l'entreprise doit réaliser pour ***couvrir*** l'intégralité de ses charges variables et fixes et pour lequel elle ne dégage ***ni bénéfice***, ***ni perte***.

Ou encore, le seuil de rentabilité est le niveau du chiffre d'affaires pour lequel la marge sur coût variable ***finance exactement*** le montant des charges fixes.

La comparaison du chiffre d'affaires réalisé avec le seuil de rentabilité détermine la ***nature du résultat*** :

Chiffre d'affaires = Seuil de rentabilité = **Résultat nul**
Chiffre d'affaires > Seuil de rentabilité = **Bénéfice**
Chiffre d'affaires < Seuil de rentabilité = **Perte**

Plus le chiffre d'affaires est ***proche*** du seuil de rentabilité, plus le résultat est faible et inversement.

Le seuil de rentabilité permet :

- de ***calculer*** le montant du chiffre d'affaires à partir duquel l'activité est rentable ;
- de ***déterminer*** à quelle date l'activité devient rentable ;
- d'***apprécier*** la sécurité dont dispose l'entreprise si la conjoncture devient défavorable ;
- d'***analyser*** l'incidence de l'évolution du comportement des charges sur la rentabilité de l'exploitation ;
- d'***effectuer*** rapidement des résultats prévisionnels ;
- de ***mesurer*** le risque d'exploitation.

2 • LE COMPTE DE RÉSULTAT DIFFÉRENTIEL ET LES MARGES SUR COÛT VARIABLE

A - Le compte de résultat différentiel

Les calculs de coûts variables, de marges sur coûts variables, de coûts fixes et du résultat courant se présentent dans un tableau intitulé : « Compte de résultat différentiel », dont la structure est la suivante :

Éléments	Produit ou Activité A		Produit ou Activité B		Produit ou Activité C		Pour l'entreprise	
	Montant	%	Montant	%	Montant	%	Montant	%
Chiffre d'affaires								
–								
Coût variable								
=								
Marge sur coût variable								
–								
Coût fixe								
=								
Résultat courant								

Le coût fixe, composé de l'ensemble des charges fixes, n'est ***pas réparti*** ; il est soustrait de la marge sur coût variable globale afin de calculer le résultat.

La relation :

Résultat = (Chiffre d'affaires x Taux de marge sur coût variable) – Coût fixe

permet d'effectuer des ***prévisions*** et des ***simulations***.

Le compte de résultat différentiel s'établit à partir des ***quantités vendues*** et non pas à partir des quantités achetées ou produites par l'entreprise. Les coûts variables globaux peuvent être ***décomposés***, selon les besoins de l'entreprise, en coût variable d'approvisionnement, coût variable de production et coût variable de distribution.

B - Les marges sur coût variable

La comparaison entre le chiffre d'affaires d'un produit, d'une activité et le coût variable correspondant permet de calculer la marge sur coût variable :

Marge sur coût variable = Chiffres d'affaires – Coût variable

La marge sur coût variable est ***proportionnelle*** au chiffre d'affaires. C'est un indicateur de gestion qui mesure la ***performance*** d'un produit ou d'une activité. Elle permet de répondre aux questions suivantes :

- quelle est la ***contribution*** du produit à absorber les charges fixes ?
- ce produit est-il ***rentable*** ?
- l'entreprise a-t-elle intérêt à ***développer*** la production ou la commercialisation de tel produit ?
- l'entreprise a-t-elle intérêt à ***supprimer*** la production ou la commercialisation de tel produit ?

– quelles sont les ***conséquences*** d'une augmentation ou d'une diminution des coûts variables ou des coûts fixes sur la rentabilité ?

– faut-il ***sous-traiter*** ou non telle activité ?

La marge sur coût variable dégagée par chaque produit représente le ***manque à gagner*** qui résulterait de l'***abandon*** du produit, au niveau global de l'entreprise.

Avant de décider de la suppression d'un produit, il faut s'assurer que celle-ci n'entraînera pas une ***diminution*** du résultat global.

3 • LE CALCUL ET L'INTERPRÉTATION DU SEUIL DE RENTABILITÉ

A - La détermination du seuil de rentabilité

Le calcul du seuil de rentabilité s'effectue à partir des éléments du compte de résultat différentiel.

Il est nécessaire d'exprimer la marge sur coût variable en ***pourcentage*** du chiffre d'affaires :

$$\textbf{Taux de marge sur coût variable} = \frac{\text{Marge sur coût variable}}{\text{Chiffre d'affaires}} \times 100$$

Le résultat est nul si : Marge sur coût variable = Coûts fixes

ou encore si : (Seuil de rentabilité x Taux de marge sur coût variable) – Charges fixes = 0

On en déduit la relation :

$$\textbf{Seuil de rentabilité} = \frac{\text{Coûts fixes}}{\text{Taux de marge sur coût variable}}$$

Le seuil de rentabilité peut être exprimé en quantité à partir des formules suivantes :

$$\frac{\text{Seuil de rentabilité en valeur}}{\text{Prix de vente HT d'un produit}}$$

$$\frac{\text{Coûts fixes}}{\text{Marge sur coût variable unitaire}}$$

B - Les représentations graphiques

Le seuil de rentabilité fait l'objet de trois représentations graphiques, selon trois équations différentes :

Formule :

Marge sur coût variable
=
Charges fixes

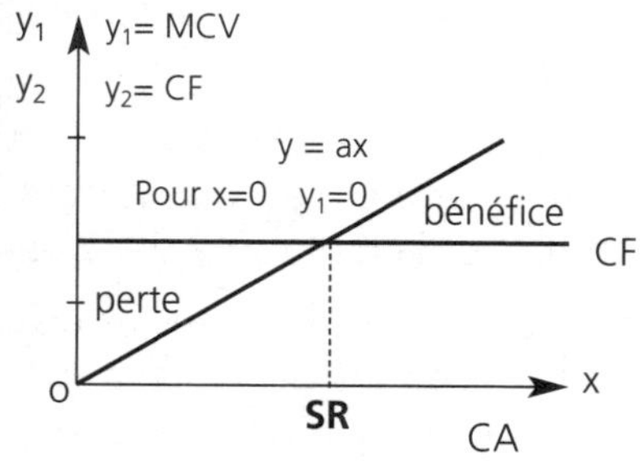

Le seuil de rentabilité est atteint au point d'intersection de la droite des coûts fixes et de celle de la marge sur coût variable.

Formule :

Résultat
=
Marge sur coût variable
–
Charges fixes

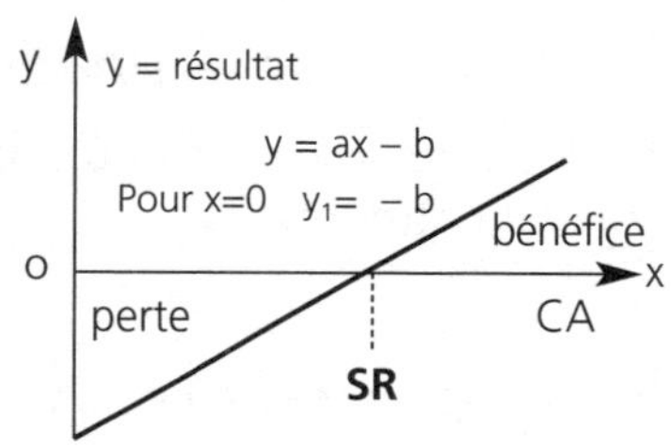

Le seuil de rentabilité est atteint au point d'intersection de la droite du résultat et de l'axe des abscisses.

Formule :

Chiffre d'affaires
=
Charges variables
+
Charges fixes

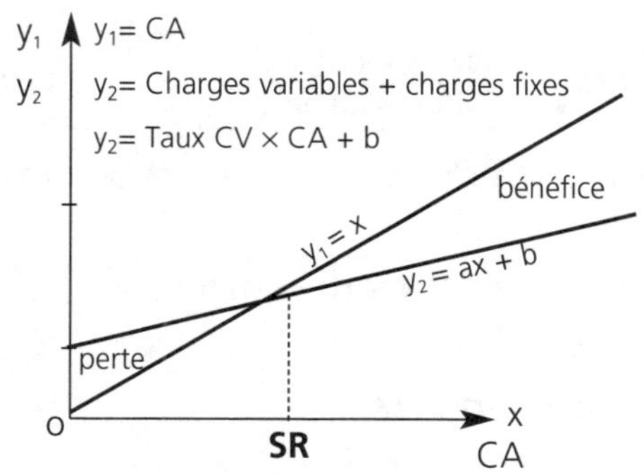

Le seuil de rentabilité est atteint au point d'intersection de la droite du chiffre d'affaires et de celle du coût total.

C- L'évolution du seuil de rentabilité

Le niveau du seuil de rentabilité ***dépend*** du montant des coûts fixes et du taux de marge sur coût variable.

L'évolution des ***conditions d'exploitation*** peut se traduire par :

- une modification de structure (nouveaux investissements, embauche ou licenciement de personnel permanent, agrandissement des locaux, …) ;
- une variation du taux de marge sur coût variable ;

et nécessite donc la détermination d'un nouveau seuil de rentabilité.

Plus les coûts fixes sont ***importants***, plus le seuil de rentabilité est ***élevé*** et plus le risque d'exploitation est ***grand***.

Lors d'un changement de structure, la détermination du seuil de rentabilité pour la nouvelle structure permet d'évaluer le chiffre d'affaires nécessaire pour ***couvrir*** les charges fixes ***supplémentaires*** et d'apprécier la rentabilité de l'opération.

En outre, l'étude de l'évolution du chiffre d'affaires et des charges variables correspondantes permet de déterminer les ***causes*** de la variation du taux de marge sur coût variable (variation des prix de vente, des quantités vendues, évolution du prix d'achat des marchandise ou des matières premières, appel à la sous-traitance, ...) et par conséquent celle du seuil de rentabilité.

D - Le point mort et la marge de sécurité financière

À partir du seuil de rentabilité, deux autres indicateurs peuvent être calculés pour mesurer le degré de ***vulnérabilité*** de l'entreprise.

1) Le point mort

Le point mort permet d'exprimer le ***temps nécessaire*** pour atteindre le seuil de rentabilité et donc la date correspondante.

Il s'obtient à l'aide de la formule suivante :

$$\textbf{Point mort} = \frac{\text{Seuil de rentabilité}}{\text{Chiffre d'affaires}} \times \text{Nombre de jours d'activité}$$

L'entreprise doit rechercher à ***réduire*** le point mort de façon à ***améliorer*** la rentabilité de son activité.

Si l'activité est irrégulière, le point mort se détermine à partir de la série cumulée du chiffre d'affaires par interpolation.

2) La marge de sécurité financière

Lorsque le chiffre d'affaires est ***supérieur*** au seuil de rentabilité, l'entreprise peut calculer l'***activité rentable*** encore appelée marge de sécurité :

$$\textbf{Marge de sécurité} = \text{Chiffre d'affaires} - \text{Seuil de rentabilité}$$

La marge de sécurité financière peut s'exprimer en pourcentage du chiffre d'affaires ; il s'agit de l'***indice de sécurité*** qui indique la baisse de chiffre d'affaires que l'entreprise peut supporter avant de constater une perte :

$$\textbf{Indice de sécurité} = \frac{\text{Marge de sécurité}}{\text{Chiffre d'affaires}} \times 100$$

Plus l'indice de sécurité est ***faible***, plus l'entreprise est ***fragile***, plus le risque d'exploitation est ***élevé*** et inversement.

4 • LE LEVIER D'EXPLOITATION

La notion de levier d'exploitation vient compléter celle de l'indice de sécurité pour apprécier le ***risque d'exploitation***.

Le levier d'exploitation reprĺésente l'***élasticité*** ou la sensibilité du résultat d'exploitation par rapport au niveau d'activité.

Le rapport entre les variations du résultat et les variations du chiffre d'affaires s'établit ainsi :

$$\text{Coefficient de levier d'exploitation} = \frac{\dfrac{\Delta \text{ Résultat d'exploitation}}{\text{Résultat d'exploitation}}}{\dfrac{\Delta \text{ Chiffre d'affaires}}{\text{Chiffre d'affaires}}}$$

Une variation du chiffre d'affaires entraîne une variation ***proportionnellement plus importante*** du résultat.

Plus les charges fixes sont importantes et plus le levier d'exploitation est élevé, plus le rique d'exploitation est grand ; par contre, le levier d'exploitation diminue au fur et à mesure de l'augmentation du chiffre d'affaires.

5 • APPLICATION

L'entreprise Diabolo vous communique les données suivantes concernant son activité durant l'exercice N :

Éléments	**Montant**
Achats nets de matières premières	1 085 000
Charges variables d'approvisionnement	126 000
Charges variables de production	950 000
Charges variables de distribution	222 000
Charges fixes	625 000
Chiffre d'affaires net	3 300 000
Variation des stocks de matières premières	(+ 20 000)
Production stockée	(– 17 000)

Les calculs préliminaires à l'établissement du compte de résultat différentiel sont les suivants :

– Coût variable des matières premières consommées :

La variation des stocks de matières premières doit être ajoutée.

	Achats nets de matières premières	1 085 000
+	Variation des stocks	(+ 20 000)
+	Charges variables d'approvisionnement	126 000
=	Coût variable des matières premières consommées	1 231 000

– Coût variable des produits vendus

La production stockée doit être retranchée.

	Coût variable des matières premières consommées	1 231 000
–	Production stockée	(– 17 000)
+	Charges variables de production	950 000
+	Charges variables de distribution	222 000
=	Coût variable des produits vendus	2 420 000

Le compte de résultat différentiel s'établit comme suit :

	Éléments	Montant	%
	Chiffre d'affaires	3 300 000	100
–	Coût variable des produits vendus	2 420 000	73,33
=	**Marge sur coût variable**	880 000	26,67
–	Coût fixe	625 000	
=	**Résultat courant**	255 000	

Le seuil de rentabilité s'élève à :

$$\frac{625\ 000}{26,67} \times 100 \quad = 2\ 343\ 457\ €.$$

L'activité de l'entreprise s'étale sur 48 semaines de 6 jours. Le nombre de jours ouvrés est donc de : 48 x 6 jours, soit 288 jours.

Le point mort est de :

$$\frac{2\ 343\ 457}{3\ 300\ 000} \times 288\ \text{j} \quad = 205 \text{ jours ou 6 mois et 25 jours.}$$

Il reste 83 jours (288 – 205) pour réaliser son résultat.

La marge de sécurité est égale à : 3 300 000 – 2 343 457 = 956 543 €.

L'indice de sécurité est de :

$$\frac{956\ 543}{3\ 300\ 000} \times 100 \quad = 29\ \%.$$

L'entreprise désire développer son activité avec comme objectif d'accroître son chiffre d'affaires de 30 %. Cet accroissement entraîne :

- de nouveaux investissements permettant d'augmenter de 12 points le taux de marge sur coût variable, et d'accroître les amortissements de 275 000 €;
- le lancement d'une campagne publicitaire d'un montant de 155 000 €. Le coût de cette campagne constitue une charge fixe.

Le chiffre d'affaires prévisionnel s'élève à :

$$3\ 300\ 000 \times 1{,}30 = 4\ 290\ 000\ €.$$

La marge sur coût variable prévionnelle est de :

$$26{,}67\ \% + 12 = 38{,}67\ \%.$$

Les charges fixes prévisionnelles sont de :

$$625\ 000 + (275\ 000 + 155\ 000) = 1\ 055\ 000\ €.$$

Le seuil de rentabilité prévisionnel s'élève à :

$$\frac{1\ 055\ 000}{38{,}67} \times 100 \quad = 2\ 728\ 213\ €.$$

Le résultat prévisionnel est égal à : (4 290 000 x 38,67 %) – 1 055 000 = 603 943 €.

Ce changement de modalité d'exploitation permet d'améliorer la rentabilité économique de l'entreprise.

PARTIE 2

L'analyse de la structure financière et de l'équilibre financier

CHAPITRE 6

La description du bilan et de l'annexe

1 • DÉFINITION DU BILAN

L'article 130 – 2 du Plan comptable général définit le bilan comme un tableau qui décrit séparément les éléments actifs et passifs de l'entité et fait apparaître de façon distincte les capitaux propres et, le cas échéant, les autres fonds propres. Les éléments d'actif et de passif sont évalués séparément.

Les éléments ***actifs*** sont les éléments du patrimoine ayant une ***valeur économique positive*** pour l'entreprise (biens, créances).

Les éléments ***passifs*** représentent les éléments du patrimoine ayant une ***valeur économique négative*** pour l'entreprise (dettes ou passif externe).

Les capitaux propres mesurent la ***valeur nette*** du patrimoine :

Éléments actifs – Éléments passifs = **Capitaux propres**

Cette définition correspond à l'approche ***patrimoniale*** du bilan de l'entreprise.

L'analyse financière préfère définir le bilan selon une optique fonctionnelle. Le bilan représente la ***situation financière*** de l'entreprise à une date donnée.

Il récapitule :

- ***l'ensemble des ressources*** de l'entreprise, l'origine des fonds ou encore les moyens de financement (capitaux propres, dettes) ;
- ***l'ensemble des emplois***, l'utilisation des fonds ou encore les besoins de financement (investissements ; biens et créances du cycle d'exploitation).

À tout besoin de financement correspond un moyen de financement donc :

Total actif = Total passif

Aucune compensation ne peut être opérée entre les postes d'actif et de passif.

Le ***résultat*** est calculé au bilan sans fournir les opérations qui ont permis de le constituer mais par différence entre :

Total actif (colonne « Net ») – Total passif = Résultat

Le résultat est intégré au ***passif*** dans la rubrique « Capitaux propres » :

En **+** s'il s'agit d'un bénéfice ⇒ Actif > Passif
En **–** dans le cas d'une perte ⇒ Actif < Passif

D'après le principe de la double détermination du résultat, le résultat ainsi déterminé est ***identique*** à celui porté au compte de résultat.

2 • LA STRUCTURE DU BILAN

Le bilan est un tableau scindé en deux parties :

– ***la partie gauche***, organisée en rubriques et en postes, comprend les éléments d'actif ou l'ensemble des emplois, classés suivant leur ***fonction*** et par ordre de ***liquidité*** croissante ;

– ***la partie droite***, articulée en rubriques et en postes, comprend les éléments du passif ou encore les ressources de financement, classés selon leur ***provenance*** et par ordre d'***exigibilité*** croissante.

Les comptes des ***classes 1 à 5*** du Plan comptable général sont consacrés au bilan.

Le tableau du bilan, dans sa structure simplifiée, se présente comme suit :

Actif	Exercice N			Exercice N – 1	Passif	Exercice N	Exercice N – 1
	Brut	Amortissements Provisions (à déduire)	Net				
Capital souscrit-non appelé ACTIF IMMOBILISÉ (immobilisations incorporelles, corporelles et financières)					CAPITAUX PROPRES Capital et réserves Report à nouveau Résultat de l'exercice Subventions d'investissement Provisions réglementées		
Total I					**Total I**		
ACTIF CIRCULANT					PROVISIONS POUR RISQUES ET CHARGES		
Total II					**Total II**		
Charges à répartir sur plusieurs exercices (III) Primes de remboursement des emprunts (IV) Écarts de conversion Actif (V)					DETTES		
					Total III		
					Écarts de conversion Passif (IV)		
Total général (I + II + III + IV + V)					**Total général (I + II + III + IV)**		

L'actif comporte quatre colonnes de sommes :

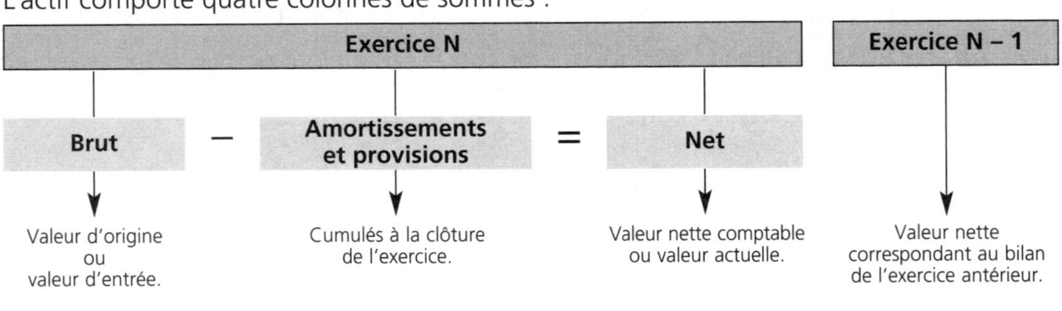

Le passif comprend deux colonnes de sommes :

Exercice N	Exercice N – 1
Montant à la clôture de l'exercice.	Montant correspondant au bilan de l'exercice antérieur.

3 • LA DÉFINITION DES POSTES DU BILAN

A - L'actif

L'actif comprend essentiellement deux grandes rubriques (actif immobilisé et actif circulant) composées chacune de plusieurs postes qui possèdent des caractères communs.

1) Le capital souscrit – non appelé

Le capital sousrit – non appelé constitue une ***créance non exigible*** dans l'immédiat auprès des associés correspondant à une fraction de capital.

2) L'actif immobilisé

L'actif immobilisé comprend les biens et les créances destinés à être utilisés ou à rester ***de façon durable*** dans l'entreprise. Il est constitué des postes suivants :

- **Immobilisations incorporporelles** → il s'agit des biens ou des droits qui ne constituent pas des objets matériels (frais d'établissement ; frais de recherche et de développement ; concessions, brevets, licences, logiciels, ... ; fonds commercial ; ...).
- **Immobilisations corporporelles** → ce poste regroupe les biens constituant des objets matériels (terrains, constructions, installations techniques, matériels et outillage industriel, mobilier, ...).
- **Immobilisations financières** → elles sont constituées de certaines créances et de certains titres immobilisés (titres de participation, créances rattachées à des participations, titres immobilisés, prêts, ...).

3) L'actif circulant

L'actif circulant comprend les biens et les créances liés au ***cycle d'exploitation*** et qui n'ont pas vocation à être maintenus durablement dans l'entreprise. Il est constitué des postes suivants :

- **Stocks et en-cours** → il s'agit des biens destinés à être consommés au premier usage, vendus en l'état ou au terme d'un processus de production (stocks de matières premières, stocks de produits finis, stocks de marchandises, ...).
- **Avances et acomptes versés sur commandes** → ce poste enregistre les avances et acomptes versés aux fournisseurs par l'entité sur des commandes, des travaux ou des services à recevoir.
- **Créances d'exploitation** → ce sont des droits rattachés au cycle d'exploitation (clients, effets à recevoir, clients douteux ou litigieux, avances ou acomptes au personnel, ...).

Créances diverses →	il s'agit de droits sur des tiers divers (État, associés, débiteurs divers, charges à payer, produits à recevoir, ...).
Valeurs mobilières de placement →	ce sont des titres acquis en vue de réaliser un gain à brève échéance (actions, obligations, bons du Trésor et bons de caisse à court terme, bons de souscription, ...).
Instruments de trésorerie →	ce poste concerne le marché à terme d'instruments financiers ; il s'agit des variations de valeur des contrats et options de taux d'intérêt constatées sur les marchés organisés pour les opérations effectuées à titre de couverture.
Disponibilités →	il s'agit des liquidités disponibles en caisse ou sur un compte bancaire ou postal (banques, chèques postaux ou caisse).
Charges constatées d'avance →	ce poste enregistre les charges déjà comptabilisées qui correspondent à des achats de biens et de services dont la fourniture ou la prestation interviendra ultérieurement.

4) Les charges à répartir sur plusieurs exercices

Les charges à répartir sur plusieurs exercices sont des charges ***engagées*** pendant l'exercice mais qui concernent également les exercices ***suivants*** ; leur répartition optionnelle étant justifiée par les conditions de l'activité de l'entreprise (charges différées, frais d'acquisition des immobilisations, frais d'émission des emprunts, charges à étaler).

5) Les primes de remboursement des emprunts

Les primes de remboursement des emprunts obligataires sont égales à la ***différence*** entre le prix de remboursement de l'emprunt obligataire et sa valeur nominale. Les primes de remboursement font l'objet d'un ***amortissement direct***.

6) Les écarts de conversion – Actif

Les écarts de conversion – Actif correspondent à des ***pertes latentes*** constatées lors de la conversion résultant de l'actualisation, au taux de change de fin d'exercice, des comptes de créances et de dettes libellées en monnaies étrangères.

B - Le passif

Le passif comprend essentiellement deux grandes rubriques (capitaux propres et dettes) composées chacune de plusieurs postes qui possèdent des caractères communs.

1) Les capitaux propres

Les capitaux propres représentent les ***moyens de financement*** mis à la disposition de l'entreprise de ***façon permanente***. Ils sont constitués des postes suivants :

Capital →	il correspond à la valeur des apports de l'exploitant ou des associés au début et en cours d'activité ainsi qu'au montant des incorporations de réserves.
Primes d'émission, de fusion, d'apport →	il s'agit de la différence entre soit le prix d'émission des actions, soit la valeur de reprise des apports et la valeur nominale des titres à l'occasion d'opérations d'augmentation de capital ou de fusion de sociétés.

Écarts de réévaluation → ce poste représente les écarts constatés à l'occasion d'opérations de réévaluation et qui peuvent être incorporés en tout ou partie au capital.

Écart d'équivalence → il concerne les écarts constatés lorsque la valeur globale des titres évaluée par équivalence est supérieure à leur prix d'acquisition.

Réserves → part de bénéfice non distribuée, laissée à la disposition de l'entité jusqu'à décision contraire des organes compétents (réserves légale, statutaire, réglementée, ...).

Report à nouveau → ce poste comprend soit un reliquat de bénéfice non distribué en attente d'affectation, soit une perte de l'exercice (montant négatif) qui devra être absorbée sur les exercices suivants.

Résultat de l'exercice → il s'agit du bénéfice ou de la perte dégagé par l'entité pour l'exercice ; ce poste n'apparaît plus au bilan après affectation du résultat.

Subventions d'investissement → ce sont des subventions accordées aux entreprises, par l'État, par des collectivités publiques ou par des tiers, afin d'acquérir ou de créer des immobilisations et de financer des activités à long terme.

Provisions réglementées → ce poste regroupe les provisions qui ne correspondent pas à l'objet normal d'une provision mais à l'application de dispositions légales (amortissements dérogatoires, provisions pour hausse des prix, ...).

2) Les provisions pour risques et charges

Les provisions pour risques et charges représentent un passif dont l'échéance ou le montant ne sont pas fixés de façon précise. Elles sont destinées à couvrir :

- *des risques identifiés* inhérents à l'activité de l'entité (provisions pour litiges, provisions pour garanties données aux clients, provisions pour amendes et pénalités, ...) ;
- *des charges prévisibles*, importantes et qui ne présentent pas un caractère annuel, à répartir sur plusieurs exercices (provisions pour licenciement, provisions pour impôts, provisions pour restructuration, provisions pour grosses réparations, ...).

3) Les dettes

Les dettes regroupent les moyens de *financement externes et temporaires*. Elles sont constituées des postes suivants :

Dettes financières → il s'agit de différents emprunts, à long terme ou à court terme, contractés par l'entité auprès d'établissements de crédit ou d'autres tiers (emprunts obligataires, bancaires, crédit de trésorerie, ...).

Avances et acomptes reçus sur commandes en cours → ce poste enregistre les avances et acomptes reçus des clients par l'entité pour des commandes à livrer, des travaux à exécuter ou des services à rendre.

Dettes d'exploitation → elles représentent les moyens de financement liés au cycle d'exploitation (fournisseurs, effets à payer, personnel – rémunérations dues, Sécurité sociale, ...).

Dettes diverses → il s'agit de dettes non liées au cycle d'exploitation (dettes fournisseurs d'immobilisations, impôt dû sur les bénéfices, ...).

Instruments de trésorerie →	ce poste concerne le marché à terme d'instruments financiers ; il s'agit des variations de valeur des contrats et options de taux d'intérêt constatées sur les marchés organisés pour les opérations effectuées à titre de couverture.
Produits constatés d'avance →	il s'agit des produits perçus ou comptabilisés avant que les prestations ou les fournitures les justifiant aient été effectuées ou fournies.

4) Les écarts de conversion – Passif

Les écarts de conversion – Passif correspondent à des ***gains latents*** constatés lors de la conversion résultant de l'actualisation, au taux de change de fin d'exercice, des comptes de créances et de dettes libellées en monnaies étrangères.

4 • LE TABLEAU DE CORRESPONDANCE DES COMPTES EN SYSTÈME DÉVELOPPÉ

Les ***regroupements*** suivants s'opèrent afin de dresser les différents postes du bilan.

A - L'actif

Art. 523 – 1 Modèle de bilan (en tableau) (avant répartition) *(système développé)*

ACTIF	Exercice N			Exercice N – 1
	Brut	Amortissements et provions (à déduire)	Net	Net
Capital souscrit - non appelé	109.			
ACTIF IMMOBILISÉ *(a)*:				
Immobilisations incorporelles :				
Frais d'établissement	201.			
Frais de recherche et de développement	203.			
Concessions, brevets, licences, marques, procédés, logiciels, droits et valeurs similaires	205.			
Fonds commercial (1)	206. 207.			
Autres	208.			
Immobilisations incorporelles en cours	232.			
Avances et acomptes	237.			
Immobilisations corporelles :				
Terrains	211. 212.			
Constructions	213. 214.			
Installations techniques, matériel et outillage industriels	215.			
Autres	218.			
Immobilisations corporelles en cours	231.			
Avances et acomptes	238.			
Immobilisations financières (2) :				
Participations *(b)*	261. 266.			
Créances rattachées à des participations	267. 268.			
Titres immobilisés de l'activité de portefeuille	273.			
Autres titres immobilisés	271. 272. 27682.			
Prêts	274. 27684.			
Autres	275. 2761. 27685. 27688.			
TOTAL I	X	X	X	X

ACTIF CIRCULANT				
Stocks et en-cours *(a)*:				
Matières premières et autres approvisionnements	31. 32.			
En-cours de production [biens et services] *(c)*	33. 34.			
Produits intermédiaires et finis	35.			
Marchandises	37.			
Avances et acomptes versés sur commandes	4091.			
Créances d'exploitation (3):				
Créances Clients (a) et Comptes rattachés *(d)*	411. 413. 416. 417. 418.			
Autres	4096. 4097. 4098. 425. 4287. 4387. 4417. 4456. 4458D. 4487.			
Créances diverses	4411. 4418. 443D. 444D. 4487. 4456. 451D. 456D (sauf 4562). 458D. 462 . 465. 467D. 4687.			
Capital souscrit – appelé, non versé	4562.			
Valeurs mobilières de placement *(e)* :				
Actions propres	502.			
Autres titres	50 (sauf 502. 509.).			
Instruments de trésorerie	52.			
Disponibilités	51D (sauf 5186. 519.). 53. 54.			
Charges constatées d'avance (3)	486.			
TOTAL II	X	X	X	X
Charges à répartir sur plusieurs exercices **(III)**	481.			
Primes de remboursement des emprunts **(IV)**	169.			
Écarts de conversion Actif **(V)**	476.			
TOTAL GÉNÉRAL (I + II + III + IV + V)	X	X	X	X
(1) Dont droit au bail				
(2) Dont à moins d'un an (brut)				
(3) Dont à plus d'un an (brut)				

(a) Les actifs avec clause de réserve de propriété sont regroupés sur une ligne distincte portant la mention « dont ... avec clause de réserve de propriété ». En cas d'impossibilité d'identifier les biens, un renvoi au pied du bilan indique le montant restant à payer sur ces biens. Le montant à payer comprend celui des effets non échus.

(b) Si des titres sont évalués par équivalence, ce poste est subdivisé en deux sous-postes « Participations évaluées par équivalence » et « Autres participations ». Pour les titres évalués par équivalence, la colonne « Brut » présente la valeur globale d'équivalence si elle est supérieure au coût d'acquisition. Dans le cas contraire, le prix d'acquisition est retenu. La provision pour dépréciation globale du portefeuille figure dans la 2e colonne. La colonne « Net » présente la valeur globale d'équivalence positive ou une valeur nulle.

(c) A ventiler, le cas échéant, entre biens, d'une part, et services d'autre part.

(d) Créances résultant de ventes ou de prestations de services.

(e) Poste à servir directement s'il n'existe pas de rachat par l'entité de ses propres actions.

B - Le passif

Art. 523 – 1 *(suite)* Modèle de bilan (en tableau) (avant répartition)

PASSIF	Exercice N	Exercice N – 1
CAPITAUX PROPRES *		
Capital [dont versé] *(a)*	101. 108. (dont versé = 1013).	
Primes d'émission, de fusion, d'apport	104.	
Écarts de réévaluation *(b)*	105.	
Écart d'équivalence *(c)*	107.	
Réserves :		
Réserve légale	1061.	
Réserves statutaires ou contractuelles	1063.	
Réserves réglementées	1062. 1064.	
Autres	1068.	
Report à nouveau *(d)*	110. ou 119.	
Résultat de l'exercice [bénéfice ou perte] *(e)*	120. ou 129.	
Subventions d'investissement	13.	
Provisions réglementées	14.	
TOTAL I	X	X
PROVISIONS POUR RISQUES ET CHARGES		
Provisions pour risques	151.	
Provisions pour charges	15 (sauf 151).	
TOTAL II	X	X
DETTES (1) *(g)*		
Dettes financières :		
Emprunts obligataires convertibles	161. 16881.	
Autres emprunts obligataires	163. 16883.	
Emprunts et dettes auprès des établissements de crédit (2)	164. 16884 .512C. 514C. 517C. 5186. 519.	
Emprunts et dettes financières divers (3)	165. 166. 1675. 168 (sauf 16881). 16883. 16884. 17.426. 45C (sauf 457).	

Avances et acomptes reçus sur commandes en cours	4191.	
Dettes d'exploitation :		
Dettes Fournisseurs et Comptes rattachés *(f)*	401. 403. 4081.	
Dettes fiscales et sociales	421. 422. 427. 4282. 4286. 431. 437. 4386. 4455. 4458C. 446. 447. 4486	
Autres	4196. 4197. 4198. 4419 (pour partie).	
Dettes diverses :		
Dettes sur immobilisations et Comptes rattachés	269. 279. 404. 405. 4084.	
Dettes fiscales (impôts sur les bénéfices)	444C.	
Autres dettes	424. 426. 4284. 4419 (pour partie). 442. 443C. 4486. 451C. 456C. 457. 458C. 464. 467. 4686. 509.	
Instruments de trésorerie	52C.	
Produits constatés d'avance (1)	487.	
TOTAL III	X	X
Écarts de conversion Passif (IV)	477.	
TOTAL GÉNÉRAL (I + II + III + IV)	X	X
(1) Dont à plus d'un an Dont à moins d'un an (2) Dont concours bancaires courants et soldes créditeurs de banques (3) Dont emprunts participatifs		

* Le cas échéant, une rubrique « Autres fonds propres » est intercalée entre la rubrique « Capitaux propres » et la rubrique « Provisions pour risques et charges » avec ouverture des postes constitutifs de cette rubrique sur des lignes séparées (montant des émissions de titres participatifs, avances conditionnées, ...). Un total I *bis* fait apparaître le montant des autres fonds propres entre le total I et le total II du passif du bilan. Le total général est complété en conséquence.

(a) Y compris capital souscrit non appelé.
(b) À détailler conformément à la législation en vigueur.
(c) Poste à présenter lorsque des titres sont évalués par équivalence.
(d) Montant entre parenthèses ou précédé du signe moins (–) lorsqu'il s'agit de pertes reportées.
(e) Montant entre parenthèses ou précédé du signe moins (–) lorsqu'il s'agit d'une perte.
(f) Dettes sur achats ou prestations de services.
(g) À l'exception, pour l'application du (1), des avances et acomptes reçus sur commandes en cours.

5 • L'ANNEXE EN SYSTÈME DÉVELOPPÉ

A - Définition et objectif

L'article 130 – 4 du Plan comptable général stipule :

« L'annexe complète et commente l'information donnée par le bilan et le compte de résultat.

« L'annexe comporte toutes les informations d'importance significative destinées à compléter et à commenter celles données par le bilan et par le compte de résultat. Une inscription dans l'annexe ne peut pas se substituer à une inscription dans le bilan et le compte de résultat. ».

L'annexe représente donc un ensemble d'informations nécessaires à la ***compréhension*** du bilan et du compte de résultat ; elle forme avec ces derniers ***un tout indissociable*** :

Bilan + Compte de résultat + Annexe = **Tableaux de synthèse**

L'annexe fournit des informations complémentaires, chiffrées ou non, d'ordre :

Économique et financier →
- modes et méthodes d'évaluation.
- évolution de certains postes.
- modes de calcul des amortissements et des provisions.
- inventaire du portefeuille de titres de placement.

Juridique →
- montants des engagements financiers.
- structure du capital.
- dettes garanties par des sûretés réelles.

Fiscal →
- répartition de l'impôt entre le résultat courant et le résultat exceptionnel.

Social →
- effectif des salariés.
- montant de la masse salariale.
- montant des sommes versées au titre des avantages sociaux.

Le Plan comptable général prévoit des ***modèles de tableaux*** destinés à expliquer les postes du bilan, du compte de résultat et leur variation. Ils peuvent être accompagnés de commentaires, leur utilisation n'est pas obligatoire. La liste en est la suivante :

TABLEAUX DE L'ANNEXE

→ **tableau des immobilisations (art. 532 – 1)**
- Suivi des mouvements de l'ensemble des immobilisations.

→ **tableau des amortissements (art. 532 – 2)**
- Analyse des mouvements des amortissements de l'exercice.
- Modalités de calcul.

→ **tableau des provisions (art. 532 – 3)**
- Analyse des mouvements des provisions de l'exercice.

→ **état des échéances des créances et dettes à la clôture de l'exercice (art. 532 – 4)**
- Ventilation des créances par degré de liquidité (délai d'encaissement).
- Ventilation des dettes par degré d'exigibilité (délai de paiement).

→ **tableau des filiales et participations (art. 532 – 5)**
- Liste des filiales (+ 50 % du capital détenu par la société).
- Liste des participations (10 à 50 % du capital détenu par la société).
- Renseignements concernant les capitaux propres, le résultat, le chiffre d'affaires, les titres, les prêts, avances, cautions et avals.

→ **tableaux du portefeuille des TIAP (art. 532 – 6)**
- Valeur estimative du portefeuille de TIAP.
- Variation de la valeur du portefeuille de TIAP.

→ **tableau des soldes intermédiaires de gestion (art. 532 – 7)**
- Calcul en cascade de marges et de résultats à partir des postes du compte de résultat.

→ **tableau de détermination de la capacité d'autofinancement (art. 532 – 8)**
- Calcul effectué à partir des postes du compte de résultat.

→ **tableau de financement en compte (art. 532 – 9)**
- Calcul et utilisation de la variation du fonds de roulement net global.

→ **tableau de financement en liste (art. 532 – 10)**
- Calcul et utilisation de la variation du fonds de roulement net global.

B - La présentation des tableaux de l'annexe

Seuls les six premiers tableaux sont présentés, les autres faisant chacun l'objet d'un chapitre spécifique.

Art. 532 – 1 Tableau des immobilisations

I. Cadre général

Situations et mouvements (b) / **Rubriques (a)**	**A** Valeur brute à l'ouverture de l'exercice	**B** Augmentations	**C** Diminutions	**D** Valeur brute à la clôture de l'exercice (c)
Immobilisations incorporelles .... Immobilisations corporelles .... Immobilisations financières				
Total				

(a) A développer si nécessaire selon la nomenclature des postes du bilan. Lorsqu'il existe des frais d'établissement, ils doivent faire l'objet d'une ligne séparée.
(b) Les entités subdivisent les colonnes pour autant que de besoin [cf. ci-dessous développement des colonnes B (augmentations) et C (diminutions)].
(c) La valeur brute à la clôture de l'exercice est la somme algébrique des colonnes précédentes (A + B – C = D).

II. Aménagement du cadre général

1. Développement de la colonne **B** (augmentations) →

Augmentations de l'exercice	Ventilation des augmentations				
	Virements		Entrées		
	De poste à poste	Provenant de l'actif circulant	Acquisitions	Apports	Créations

2. Développement de la colonne **C** (diminutions) →

Diminutions de l'exercice	Ventilation des diminutions				
	Virements		Sorties		
	De poste à poste	À destination de l'actif circulant	Cessions	Scissions	Mises hors service

Art. 532 – 2 Tableau des amortissements

I. Cadre général

Rubriques (a) / Situations et mouvements (b)	A	B	C	D
	Amortissements cumulés au début de l'exercice	**Augmentations Dotations de l'exercice**	**Diminutions d'amortissements de l'exercice**	**Amortissements cumulés à la fin de l'exercice (c)**
Immobilisations incorporelles				
Immobilisations corporelles				
Immobilisations financières				
Total				

(a) A développer si nécessaire selon la même nomenclature que celle du tableau des immobilisations.
(b) Les entités subdivisent les colonnes pour autant que de besoin [cf. ci-dessous développement des colonnes B (augmentations) et C (diminutions)].
(c) Les amortissements cumulés à la fin de l'exercice sont égaux à la somme algébrique des colonnes précédentes (A + B – C = D).

II. Aménagement du cadre général

1. Développement de la colonne **B** (augmentations) →

Dotations de l'exercice	Ventilation des dotations			
	Compléments liés à une réévaluation	Sur éléments amortis selon mode linéaire	Sur éléments amortis selon autre mode	Dotations exceptionnelles

2. Développement de la colonne **C** (diminutions) →

Diminutions de l'exercice	Ventilation des diminutions		
	Éléments transférés à l'actif circulant	Éléments cédés	Éléments mis hors service

Art. 532 – 3 Tableau des provisions

I. Cadre général

Rubriques (a) / Situations et mouvements (b)	A	B	C	D
	Provisions au début de l'exercice	**Augmentations Dotations de l'exercice**	**Diminutions Reprises de l'exercice**	**Provisions à la fin de l'exercice (c)**
Provisions réglementées				
Provisions pour risques				
Provisions pour charges				
Provisions pour dépréciations				
Total				

(a) A développer si nécessaire (le cas échéant, il convient de mettre en évidence entre autres les provisions pour pensions et obligations similaires, les provisions pour impôts, les provisions pour renouvellement des immobilisations concédées…).
(b) Les entités subdivisent les colonnes pour autant que de besoin [cf. ci-dessous développement des colonnes B (augmentations) et C (diminutions)].
(c) Le montant des provisions à la fin de l'exercice est égal à la somme algébrique des colonnes précédentes (A + B – C = D).

II. Aménagement du cadre général

1. Développement de la colonne B (augmentations) →

Dotations de l'exercice	Ventilation des dotations		
	Exploitation	Financier	Exceptionnel

2. Développement de la colonne C (diminutions) →

Reprises de l'exercice	Ventilation des reprises		
	Exploitation	Financier	Exceptionnel

Art. 532 – 4 État des échéances des créances et des dettes à la clôture de l'exercice

Créances (a)	Montant brut	Liquidité de l'actif Échéances à moins 1 an	 Échéances à plus 1 an	Dettes (b)	Montant brut	Degré d'exigibilité du passif Échéances à moins 1 an	 Échéances à plus 1 an	 Échéances à plus 5 an
Créances de l'actif immobilisé :				Emprunts obligataires convertibles (2)				
Créances rattachées à des participations				Autres emprunts obligataires (2)				
Prêts (1)				Emprunts (2) et dettes auprès des établissements de crédit dont : – à 2 ans au maximum à l'origine – à plus de 2 ans à l'origine				
Autres				Emprunts et dettes financières divers (2) (3)				
Créances de l'actif circulant :				Dettes Fournisseurs et Comptes rattachés				
Créances Clients et Comptes rattachés				Dettes fiscales et sociales				
Capital souscrit - appelé, non versé				Dettes sur immobilisations et Comptes rattachés				
Charges constatées d'avance				Autres dettes (3)				
				Produits constatés d'avance				
Total				**Total**				
(1) Prêts accordés en cours d'exercice				(2) Emprunts souscrits en cours d'exercice				
Prêts récupérés en cours d'exercice				Emprunts remboursés en cours d'exercice				
				(3) Dont... envers les associés (indication du poste concerné)				

(a) Non compris les avances et acomptes versés sur commandes en cours.
(b) Non compris les avances et acomptes reçus sur commandes en cours.

Art. 532 – 5 Tableau des filiales et participations

Informations financières (5) / Filiales et participations (1)	Capital (6)	Réserves et report à nouveau avant affectation des résultats (6) (10)	Quote-part du capital détenue (en pourcentage)	Valeurs comptables des titres détenus (7) (8)		Prêts et avances consentis par la société et non encore remboursés (7) (9)	Montant des cautions et avals donnés par la société (7)	Chiffre d'affaires hors taxes du dernier exercice écoulé (7) (10)	Résultats (bénéfice ou perte du dernier exercice clos) (7) (10)	Dividendes encaissés par la société au cours de l'exercice (7)	Observations
				Brute	Nette						
A. Renseignements détaillés concernant les filiales et les participations ci-dessous (2) (3).											
1. Filiales (à détailler)................................... (+ de 50 % du capital détenu par la société).											
2. Participations (à détailler)......................... (10 à 50 % du capital détenu par la société).											
B. Renseignements globaux concernant les autres filiales ou participations											
1. Filiales non reprises au § A.											
a. Filiales françaises (ensemble)..................											
b. Filiales étrangères (ensemble) (4)............											
2. Participations non reprises au § A.											
a. Dans les sociétés françaises (ensemble)..											
b. Dans les sociétés étrangères (ensemble).											

(1) Pour chacune des filiales et des entités avec lesquelles la société a un lien de participation, indiquer s'il y a lieu le numéro d'identification national (numéro SIREN).
(2) Dont la valeur d'inventaire excède un certain pourcentage (déterminé par la réglementation) du capital de la société astreinte à la publication. Lorsque la société a annexé à son bilan, un bilan des comptes consolidés conformément à la réglementation, cette société ne donne des renseignements que globalement (§ B) en distinguant (a) filiales françaises (ensemble) et (b) filiales étrangères (ensemble).
(3) Pour chaque filiale et entité avec laquelle la société a un lien de participation indiquer la dénomination et le siège social.
(4) Les filiales et participations étrangères qui, par suite d'une dérogation, ne seraient pas inscrites au § A sont inscrites sous ces rubriques.
(5) Mentionner au pied du tableau la parité entre le franc métropolitain et les autres devises.
(6) Dans la monnaie locale d'opération.
(7) En euros lorsque l'entité l'utilisera pour présenter ses comptes.
(8) Si le montant inscrit a été réévalué, indiquer le montant de l'écart de réévaluation dans la colonne « Observations ».
(9) Mentionner dans cette colonne le total des prêts et avances (sous déduction des remboursements) à la clôture de l'exercice et, dans la colonne « Observations », les provisions constituées le cas échéant.
(10) S'il s'agit d'un exercice dont la clôture ne coïncide pas avec celle de l'exercice de la société, le préciser dans la colonne « Observations ».

Art. 532 – 6 Tableaux du portefeuille de TIAP

Valeur estimative du portefeuille de TIAP

Exercice / Décomposition de la valeur estimative	Montant à l'ouverture de l'exercice			Montant à la clôture de l'exercice		
	Valeur comptable brute	Valeur comptable nette	Valeur estimative	Valeur comptable brute	Valeur comptable nette	Valeur estimative
Fractions du portefeuille évaluées :						
– au coût de revient						
– au cours de bourse						
– d'après la situation nette						
– d'après la situation nette réestimée						
– d'après une valeur de rendement ou de rentabilité						
– d'après d'autres méthodes à préciser)						
Valeur estimative du portefeuille						

Variation de la valeur du portefeuille de TIAP

Valeur du portefeuille / Mouvements de l'exercice	Valeur comptable nette	Valeur estimative
Montant à l'ouverture de l'exercice..		
Acquisition de l'exercice..		
Cession de l'exercice (en prix de vente)..		
Reprises de provisions sur titres cédés..		
Plus-values sur cessions de titres :		
– détenus au début de l'exercice...		
– acquis dans l'exercice...		
Variation de la provision pour dépréciation du portefeuille		
Autres variations de plus-values latentes :		
– sur titres acquis dans l'exercice..		
– sur titres acquis antérieurement		
Autres mouvements comptables (à préciser)		
Montant à la clôture de l'exercice..		

5 • APPLICATION

La liste des comptes de bilan de la société Appache est la suivante :

Numéro	Intitulé	Montant
101	Capital	600 000
1061	Réserve légale	19 660
1068	Autres réserves	350 000
110	Report à nouveau (solde créditeur)	23 880
120	Résultat de l'exercice (bénéfice)	30 660
131	Subventions d'équipement	6 800
145	Amortissements dérogatoires	78 500
151	Provisions pour risques	18 000
157	Provisions pour charges à répartir sur plusieurs exercices	7 860
164	Emprunts auprès des établissements de crédit	822 540
203	Frais de recherche et de développement	5 000
211	Terrains	83 900
213	Constructions	600 680
215	Installations techniques, matériel et outillage industriels	1 380 780
2182	Matériel de transport	543 740
2183	Matériel de bureau et matériel informatique	198 000
2184	Mobilier	70 000
231	Immobilisations corporelles en cours	51 100
261	Titres de participation	37 840
275	Dépôts et cautionnements versés	55 940
2803	Amortissements des frais de recherche et de développement	3 400
2813	Amortissements des constructions	349 380
2815	Amortissements des installations techniques, matériels et outillage industriels	736 560
28182	Amortissements du matériel de transport	380 618
28183	Amortissements du matériel de bureau et matériel informatique	144 822
28184	Amortissements du mobilier	49 000
2961	Provisions pour dépréciation des titres de participation	6 480
310	Matières premières	212 040
350	Stocks de produits	370 580
370	Stocks de marchandises	262 160
391	Provisions pour dépréciation des matières premières	10 000
397	Provisions pour dépréciation des marchandises	280
401	Fournisseurs	405 500
403	Fournisseurs – Effets à payer	70 600
404	Fournisseurs d'immobilisations	60 740
408	Fournisseurs – Factures non parvenues	19 500
4091	Fournisseurs – Avances et acomptes versés sur commandes	23 700
411	Clients	267 414
413	Clients – Effets à recevoir	526 398
416	Clients douteux	267 650
418	Clients – Produits non encore facturés	83 518
4191	Clients – Avances et acomptes reçus sur commandes	4 820
437	Autres organismes sociaux	18 000
441	État – Subventions à recevoir	6 800
447	Autres impôts, taxes et versements assimilés	4 400

Numéro	Intitulé	Montant
457	Dividendes à payer	13 300
462	Créances sur cessions d'immobilisations	68 540
481	Charges à répartir sur plusieurs exercices	1 620
486	Charges constatées d'avance	86 000
487	Produits constatés d'avance	247 340
491	Provisions pour dépréciation des comptes clients	107 060
512	Banques (solde créditeur)	760 000
514	Chèques postaux	120 000
531	Caisse	300

La société Appache est une entreprise industrielle ayant une activité de négoce.

Calculs justificatifs

Actif

Immobilisations corporelles :

– autres : comptes 2182 ; 2183 ; 2184 ; soit :

543 740 + 198 000 + 70 000 = 811 740 €.

– montant des amortissements : comptes 28182 ; 28183 ; 28184 ; soit :

380 618 + 144 822 + 49 000 = 574 440 €.

Créances clients et comptes rattachés : comptes 411 ; 413 ; 416 ; 418 ; soit :

267 414 + 526 398 + 267 650 + 83 518 = 1 144 980 €.

Créances diverses : comptes 441 ; 462 ; soit :

6 800 + 68 540 = 75 340 €.

Disponibilités : comptes 514 ; 531 ; soit :

120 000 + 300 = 120 300 €.

Le compte « 512 Banques » présente un solde créditeur, il s'agit donc d'une dette.

Passif

Emprunts auprès des établissements de crédit : comptes 164 + 512 ; soit :

822 540 + 760 000 = 1 582 540 €.

Dettes fournisseurs et comptes rattachés : comptes 401 ; 403 ; 408 ; soit :

405 500 + 70 600 + 19 500 = 495 600

Dettes fiscales et sociales : comptes 437 ; 447 ; soit :

18 000 + 4 400 = 22 400 €.

Art. 523 – 1 Modèle de bilan (en tableau) (avant répartition) *(système développé)*

Voir tableau page suivante.

ACTIF	Exercice N			Exercice N – 1
	Brut	Amortissements et provions (à déduire)	Net	Net
Capital souscrit - non appelé				
ACTIF IMMOBILISÉ *(a)*:				
Immobilisations incorporelles :				
Frais d'établissement				
Frais de recherche et de développement	5 000	3 400	1 600	
Concessions, brevets, licences, marques, procédés, logiciels, droits et valeurs similaires				
Fonds commercial (1)				
Autres				
Immobilisations incorporelles en cours				
Avances et acomptes				
Immobilisations corporelles :				
Terrains	83 900		83 900	
Constructions	600 680	349 380	251 300	
Installations techniques, matériel et outillage industriels	1 380 780	736 560	644 220	
Autres	811 740	574 440	237 300	
Immobilisations corporelles en cours	51 100		51 100	
Avances et acomptes				
Immobilisations financières (2) :				
Participations *(b)*	37 840	6 480	31 360	
Créances rattachées à des participations				
Titres immobilisés de l'activité de portefeuille				
Autres titres immobilisés				
Prêts				
Autres	55 940		55 940	
TOTAL I	3 026 980	1 670 260	1 356 720	
ACTIF CIRCULANT				
Stocks et en-cours *(a)* :				
Matières premières et autres approvisionnements	212 040	10 000	202 040	
En-cours de production [biens et services] *(c)*				
Produits intermédiaires et finis	370 580		370 580	
Marchandises	262 160	280	261 880	
Avances et acomptes versés sur commandes	23 700		23 700	
Créances d'exploitation (3) :				
Créances Clients (a) et Comptes rattachés *(d)*	1 144 980	107 060	1 037 920	
Autres	26 000		26 000	
Créances diverses	75 340		75 340	
Capital souscrit - appelé, non versé				
Valeurs mobilières de placement *(e)* :				
Actions propres				
Autres titres				
Instruments de trésorerie				
Disponibilités	120 300		120 300	
Charges constatées d'avance (3)	86 000		86 000	
TOTAL II	2 321 100	117 340	2 203 760	
Charges à répartir sur plusieurs exercices **(III)**	1 620		1 620	
Primes de remboursement des emprunts **(IV)**	0			
Écarts de conversion Actif **(V)**	0			
TOTAL GÉNÉRAL (I + II + III + IV + V)	5 349 700	1 787 600	3 562 100	
(1) Dont droit au bail				
(2) Dont à moins d'un an (brut)				
(3) Dont à plus d'un an (brut)				

(a) Les actifs avec clause de réserve de propriété sont regroupés sur une ligne distincte portant la mention « dont ... avec clause de réserve de propriété ». En cas d'impossibilité d'identifier les biens, un renvoi au pied du bilan indique le montant restant à payer sur ces biens. Le montant à payer comprend celui des effets non échus.

(b) Si des titres sont évalués par équivalence, ce poste est subdivisé en deux sous-postes « Participations évaluées par équivalence » et « Autres participations ». Pour les titres évalués par équivalence, la colonne « Brut » présente la valeur globale d'équivalence si elle est supérieure au coût d'acquisition. Dans le cas contraire, le prix d'acquisition est retenu. La provision pour dépréciation globale du portefeuille figure dans la 2e colonne. La colonne « Net » présente la valeur globale d'équivalence positive ou une valeur nulle.

(c) A ventiler, le cas échéant, entre biens, d'une part, et services d'autre part.

(d) Créances résultant de ventes ou de prestations de services.

(e) Poste à servir directement s'il n'existe pas de rachat par l'entité de ses propres actions.

Art. 523 – 1 *(suite)* Modèle de bilan (en tableau) (avant répartition)

PASSIF	Exercice N	Exercice N – 1
CAPITAUX PROPRES *		
Capital [dont versé] *(a)*	600 000	
Primes d'émission, de fusion, d'apport		
Écarts de réévaluation *(b)*		
Écart d'équivalence *(c)*		
Réserves :		
Réserve légale	19 660	
Réserves statutaires ou contractuelles		
Réserves réglementées		
Autres	350 000	
Report à nouveau *(d)*	23 880	
Résultat de l'exercice [bénéfice ou perte] *(e)*	30 660	
Subventions d'investissement	6 800	
Provisions réglementées	78 500	
TOTAL I	1 109 500	
PROVISIONS POUR RISQUES ET CHARGES		
Provisions pour risques	18 000	
Provisions pour charges	7 860	
TOTAL II	25 860	
DETTES (1) *(g)*		
Dettes financières :		
Emprunts obligataires convertibles		
Autres emprunts obligataires		
Emprunts et dettes auprès des établissements de crédit (2)	1 582 540	
Emprunts et dettes financières divers (3)		
Avances et acomptes reçus sur commandes en cours	4 820	
Dettes d'exploitation :		
Dettes Fournisseurs et Comptes rattachés *(f)*	495 600	
Dettes fiscales et sociales	22 400	
Autres		
Dettes diverses :		
Dettes sur immobilisations et Comptes rattachés	60 740	
Dettes fiscales (impôts sur les bénéfices)		
Autres dettes	13 300	
Instruments de trésorerie		
Produits constatés d'avance (1)	247 340	
TOTAL III	2 426 740	
Écarts de conversion Passif (IV)		
TOTAL GÉNÉRAL (I + II + III + IV)	3 562 100	
(1) Dont à plus d'un an		
Dont à moins d'un an		
(2) Dont concours bancaires courants et soldes créditeurs de banques	760 000	
(3) Dont emprunts participatifs		

* Le cas échéant, une rubrique « Autres fonds propres » est intercalée entre la rubrique « Capitaux propres » et la rubrique « Provisions pour risques et charges » avec ouverture des postes constitutifs de cette rubrique sur des lignes séparées (montant des émissions de titres participatifs, avances conditionnées, ...). Un total I *bis* fait apparaître le montant des autres fonds propres entre le total I et le total II du passif du bilan. Le total général est complété en conséquence.

(a) Y compris capital souscrit non appelé.
(b) À détailler conformément à la législation en vigueur.
(c) Poste à présenter lorsque des titres sont évalués par équivalence.
(d) Montant entre parenthèses ou précédé du signe moins (–) lorsqu'il s'agit de pertes reportées.
(e) Montant entre parenthèses ou précédé du signe moins (–) lorsqu'il s'agit d'une perte.
(f) Dettes sur achats ou prestations de services.
(g) À l'exception, pour l'application du (1), des avances et acomptes reçus sur commandes en cours.

CHAPITRE 7

Le bilan fonctionnel

1 • DÉFINITION ET OBJECTIF

L'analyse statique de la structure financière, d'après l'approche fonctionnelle, repose sur l'étude de la ***couverture*** des ***emplois*** par les ***ressources*** en prenant en considération les trois grandes ***fonctions*** (investissement, financement et exploitation) dans les différents cycles économiques de l'entreprise.

Le bilan fonctionnel est un bilan comptable ***avant*** répartition du résultat, retraité en masses ***homogènes*** selon trois fonctions (investissement, financement, exploitation) et présenté en valeurs ***brutes***.

Le bilan fonctionnel permet :

- d'***apprécier*** la structure financière de l'entreprise, dans une optique de continuité de l'activité ;
- d'***évaluer*** les besoins financiers stables et circulants et le type de ressources dont dispose l'entreprise ;
- de ***déterminer*** l'équilibre financier en comparant les différentes masses du bilan classées par fonctions et en observant le degré de couverture des emplois par les ressources ;
- de ***calculer*** la marge de sécurité financière de l'entreprise ;
- de ***détecter*** le risque de défaillance.

2 • LA STRUCTURE DU BILAN FONCTIONNEL

A - Les principes

Le bilan fonctionnel se présente sous la forme d'un tableau divisé en ***deux parties***, emplois et ressources, et composé de ***quatre masses*** homogènes significatives regroupant des postes selon leur rôle dans chacun des cycles :

Cycles longs de financement et d'investissement

- Cycle long d'investissement → **Actif stable**
- Cycle long de financement → **Ressources stables**

Cycle d'exploitation

- Besoins de financement → **Actif circulant**
- Moyens de financement → **Passif circulant**

L'actif et le passif circulants sont classés en ***trois parties*** :

- **Exploitation** → ressources et emplois du cycle d'exploitation directement liés à l'activité principale de l'entreprise.
- **Hors exploitation** → ressources et emplois du cycle d'exploitation non directement liés à l'activité principale de l'entreprise.
- **Trésorerie** → ressources et emplois de trésorerie.

Le bilan fonctionnel se schématise de la manière suivante :

Actif ou Emplois	Passif ou Ressources
Actif stable brut • Immobilisations incorporelles • Immobilisations corporelles • Immobilisations financières	Ressources stables • Capitaux propres appelés • Amortissements et provisions d'actif • Provisions pour risques et charges • Dettes financières
Actif circulant brut • Actif circulant d'exploitation • Actif circulant hors exploitation • Actif de trésorerie	Passif circulant • Dettes d'exploitation • Dettes hors exploitation • Passif de trésorerie

B - Les retraitements

La constitution des quatre masses homogènes du bilan fonctionnel nécessite plusieurs retraitements du bilan comptable.

1) Le reclassement de postes du bilan comptable

Certains postes du bilan comptable sont reclassés selon leur ***fonction*** :

Postes à reclasser	Analyse
Amortissements et provisions pour dépréciation d'actif	Les amortissements et les provisions pour dépréciation d'actif sont considérés comme des ressources de financement internes et stables.
Charges à répartir sur plusieurs exercices	Elles sont assimilés à des immobilisations en raison de leur présence au bilan pour une durée comprise entre trois et cinq ans.
Concours bancaires courants et soldes créditeurs banques	Ils constituent le passif de trésorerie destiné à financer les besoins du cycle d'exploitation.
Intérêts courus non échus sur emprunts et sur prêts	Ils sont considérés respectivement comme des dettes et des créances hors exploitation.
Valeurs mobilières de placement	La plupart des analystes les assimile à un actif de trésorerie.
Charges et produits constatés d'avance	Ils sont ventilés en exploitation ou en hors exploitation selon qu'ils concernent ou non l'activité principale de l'entreprise.

2) L'intégration d'éléments hors bilan

Certains éléments ne figurant ***plus*** ou ***pas*** dans le bilan comptable doivent être intégrés dans le bilan fonctionnel :

Postes à intégrer	Analyse
Effets escomptés non échus et créances professionnelles cédées	Ils sont ajoutés à l'actif circulant d'exploitation et à la trésorerie passive car l'entreprise doit rembourser la banque en cas de défaillance du client à la date d'échéance.
Crédit-bail	Les équipements financés par crédit-bail sont considérés comme des immobilisations financées par un emprunt.

3) La correction des créances et des dettes

Les écarts de conversion – Actif et les écarts de conversion – Passif doivent être éliminés afin de ramener les créances et les dettes concernées à leur ***valeur initiale***.

4) L'élimination de postes du bilan comptable

Certains postes du bilan comptable ne représentent pas de véritables ressources de financement.

Ils doivent être ***retranchés*** des ressources et ***éliminés*** de l'actif de façon à respecter l'égalité :

Total actif = Total passif

Postes à éliminer	Analyse
Capital souscrit non appelé	Les ressources stables ne doivent comporter que les capitaux propres appelés.
Primes de remboursement des emprunts	Seul le prix d'émission de l'emprunt obligataire représente une véritable ressource de financement pour l'entreprise.

3 • LA PRÉSENTATION DU BILAN FONCTIONNEL APRÈS LES RETRAITEMENTS

Dans le bilan fonctionnel les emplois et les ressources retraités sont classés de la manière suivante :

Voir tableau page ci-contre.

Actif (besoins de financement)	Passif (ressources de financement)
Emplois stables	**Ressources stables**
• **Actif immobilisé brut** + Valeur d'origine des équipements financés par crédit-bail + Charges à répartir brut + Écart de conversion – Actif – Écart de conversion – Passif – Intérêts courus sur prêts	• **Capitaux propres** + Amortissements et provisions pour dépréciation d'actif + Amortissements du crédit-bail + Provisions pour risques et charges – Capital non appelé
Postes à éliminer : Capital non appelé Primes de remboursement des obligations	• **Dettes financières** + Valeur nette des équipements financés par crédit bail – Primes de remboursement des obligations – Intérêts courus sur emprunts + Écart de conversion – Passif – Écart de conversion – Actif – Concours bancaires et soldes créditeurs banques
Actif circulant brut	**Dettes circulantes**
• **Exploitation** Stocks + Avances et acomptes versés sur commandes + Créances d'exploitation + Effets escomptés non échus + Charges constatées d'avance d'exploitation + Écart de conversion – Actif – Écart de conversion – Passif	• **Exploitation** Avances et acomptes reçus sur commandes + Dettes d'exploitation + Produits constatés d'avance d'exploitation + Dettes sociales et fiscales d'exploitation + Écart de conversion – Passif – Écart de conversion – Actif
• **Hors exploitation** Créances hors exploitation + Charges constatées d'avance hors exploitation + Capital souscrit appelé – Non versé + Intérêts courus sur prêts	• **Hors exploitation** Dettes hors exploitation + Dettes fiscales (impôts sur les sociétés) + Produits constatés d'avance hors exploitation + Intérêts courus sur emprunts
• **Trésorerie active** Valeurs mobilières de placement + Disponibilités	• **Trésorerie passive** Concours bancaires courants et soldes créditeurs banques + Effets escomptés non échus

4 • APPLICATION

L'entreprise Appache vous communique les données suivantes relatives à sa situation financière au 31 décembre de l'exercice N :

Bilan au 31/12/N

Actif	Brut	Amortissements Provisions à déduire	Net	Passif	Net
Actif immobilisé	3 026 980	1 670 260	1 356 720	Capitaux propres	1 109 500
Actif circulant :				Provisions pour risques et charges	25 860
Stocks et en-cours	844 780	10 280	834 500	Dettes :	
Avances et acomptes versés sur commande	23 700		23 700	Dettes financières (2)	1 582 540
Créances	1 170 980	107 060	1 063 920	Avances et acomptes reçus sur commande en cours	4 820
Créances diverses	75 340		75 340	Dettes d'exploitation	518 000
Disponibilités	120 300		120 300	Dettes diverses	74 040
Charges constatées d'avance (1)	86 000		86 000	Produits constatés d'avance	247 340
Charges à répartir sur plusieurs exercices	1 620		1 620		
Total général	5 349 700	1 787 600	3 562 100	Total général	3 562 100

(1) dont hors exploitation : 12 000 €.
(2) dont concours bancaires et soldes créditeurs de banques : 760 000 €.

Les effets escomptés non échus s'élèvent à 34 700 €.

Les retraitements nécessaires afin de dresser le bilan fonctionnel sont les suivants :

– actif stable (brut) :

Immobilisations	:	3 026 980
Charges à répartir sur plusieurs exercices	:	1 620
Total	:	3 028 600

– actif circulant d'exploitation brut :

Stocks et en-cours	:	844 780
Avances et acomptes versés sur commande	:	23 700
Créances d'exploitation	:	1 170 980
Charges constatées d'avance (86 000 – 12 000)	:	74 000
Effets escomptés non échus	:	34 700
Total	:	2 148 160

– actif circulant hors exploitation brut :

Créances diverses	:	75 340
Charges constatées d'avance	:	12 000
Total	:	87 340

– actif de trésorerie :

Disponibilités	:	120 300
Total	:	120 300

– ressources stables :

Capitaux propres	:	1 109 500
Amortissements et provisions de l'actif	:	1 787 600
Provisions pour risques et charges	:	25 860
Dettes financières (1 582 540 – 760 000)	:	822 540
Total	:	3 745 500

– passif d'exploitation :

Avances et acomptes reçus sur commande en cours	:	4 820
Dettes d'exploitation	:	518 000
Produits constatés d'avance	:	247 340
Total	:	770 160

– passif hors exploitation :

Dettes diverses	:	74 040
Total	:	74 040

– passif de trésorerie :

Découvert bancaire	:	760 000
Effets escomptés non échus	:	34 700
Total	:	794 700

Le bilan fonctionnel se présente comme suit :

Bilan fonctionnel

Actif	N	Passif	N
Actif stable	3 028 600	Ressources stables	3 745 500
Actif circulant d'exploitation	2 148 160	Passif d'exploitation	770 160
Actif circulant hors exploitation	87 340	Passif hors exploitation	74 040
Actif de trésorerie	120 300	Passif de trésorerie	794 700
Total	5 384 400	Total	5 384 400

CHAPITRE 8

L'approche fonctionnelle de l'équilibre financier

1 • LA NOTION D'ÉQUILIBRE FINANCIER

L'évolution, la comparaison et la combinaison des masses et des rubriques du ***bilan fonctionnel*** permettent d'apprécier l'équilibre financier de l'entreprise à un moment donné.

L'équilibre financier est analysé à partir de ***trois indicateurs*** de gestion fondamentaux, le fonds de roulement net global, le besoin en fonds de roulement et la trésorerie nette, mis en ***relation***.

Chaque indicateur est calculé par ***différence*** entre un montant de ressources et un montant d'emplois correspondant au ***même*** cycle.

En principe, d'après l'approche fonctionnelle, l'équilibre financier de l'entreprise est respecté si sa structure financière lui permet de financer sa ***croissance*** sans dégrader sa ***trésorerie*** de manière inquiétante.

2 • LE FONDS DE ROULEMENT NET GLOBAL

A - Définition

D'après l'analyse fonctionnelle, les ressources ***durables doivent couvrir les emplois stables***.

Le fonds de roulement net global (*FRNG*) représente l'***excédent*** de ressources durables qui finance une partie des besoins de financement du cycle d'exploitation.

Il constitue une ***marge de sécurité financière*** pour l'entreprise.

B - Calcul

Le fonds de roulement net global est calculé, en général, par ***différence*** entre les ressources et les emplois stables :

Fonds de roulement net global = Ressources stables – Actif stable brut

Le fonds de roulement net global peut être évalué également par le ***bas du bilan*** fonctionnel :

Fonds de roulement net global = Actif circulant brut – Dettes circulantes

Cette méthode permet de mesurer la part l'actif circulant qui n'est pas financée par les ressources du cycle d'exploitation.

Le fonds de roulement net global est mis en évidence par la représentation ***graphique*** des masses du bilan fonctionnel, constituant les ***cycles longs*** d'investissement et de financement :

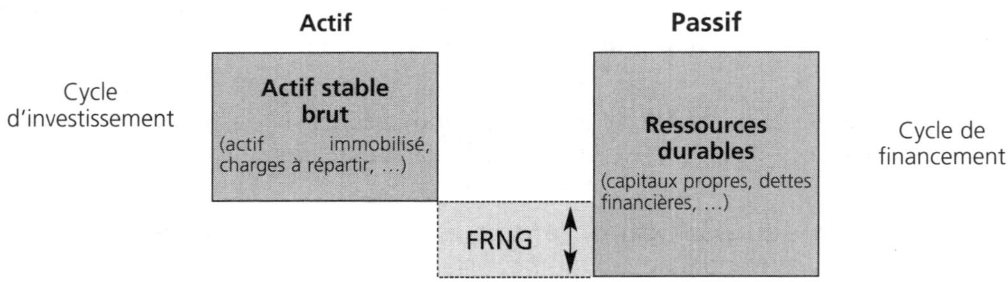

C- Le niveau et l'évolution du fonds de roulement net global

La ***taille*** de l'entreprise ainsi que le ***secteur d'activité*** auquel elle appartient sont deux facteurs déterminants du ***niveau*** du fonds de roulement net global. Par exemple, l'actif stable d'une entreprise industrielle est plus important que celui d'une entreprise de services et son cycle d'exploitation plus long, d'où la nécessité d'un fonds de roulement net global plus élevé pour la première.

Le fonds de roulement net global est ***en principe positif*** dans la plupart des entreprises. Cependant, un fonds de roulement net global ***négatif*** intitulé insuffisance en fonds de roulement (***IFR***) peut être constaté ; il traduit soit :

- une situation normale et sans risque pour les entreprises de distribution ;
- une situation préoccupante et à fort risque financier si elle perdure pour les entreprises industrielles.

Une ***baisse significative*** du fonds de roulement net global ne traduit pas obligatoirement une situation critique, à condition que la baisse ne soit pas structurelle. Elle peut résulter, par exemple, de la réalisation d'un programme d'investissement, destiné à assurer la croissance de l'entreprise, et financé qu'en partie par des ressources stables. Dans ce cas, le fonds de roulement net global sera reconstitué à court terme par les bénéfices futurs.

Pour une analyse pertinente de l'***évolution*** dans le temps du fonds de roulement net global il est indispensable de l'associer à celle du besoin en fonds de roulement.

3 • LE BESOIN EN FONDS DE ROULEMENT

A - Définition

Le besoin en fonds de roulement est la partie, à un moment donné, des ***besoins de financement*** du ***cycle d'exploitation*** qui n'est pas financée par les dettes liées au cycle d'exploitation.

Le besoin en fonds de roulement résulte des ***décalages*** dans le temps entre les achats, les ventes, les décaissements et les encaissements. Il doit être ***financé***, en partie, par le fonds de roulement net global.

Le besoin en fonds de roulement comprend ***deux*** parties :

Besoin en fonds de roulement d'exploitation (BFRE)

↓

Besoins de financement à caractère ***permanent*** liés aux conditions d'exploitation de l'entreprise (durée de stockage, crédit clients, crédit fournisseurs). C'est la partie essentielle du besoin en fonds de roulement.

Besoin en fonds de roulement hors exploitation (BFRHE)

↓

Besoins de financement qui n'ont ***pas un lien direct*** avec l'exploitation et présentent un caractère ***instable***. Le besoin en fonds de roulement hors exploitation résulte entre autre des créances diverses, des dettes envers les fournisseurs d'immobilisations, …

Cette décomposition permet de mieux cerner les déséquilibres financiers.

B - Calcul

Le besoin en fonds de roulement se calcule par ***différence*** entre les besoins et les ressources de financement du cycle d'exploitation hors trésorerie :

Besoin en fonds de roulement =	Besoins de financement du cycle	–	Ressources de financement du cycle

qui se décompose en :

Besoin en fonds de roulement d'exploitation	=	Actif circulant d'exploitation	–	Dettes circulantes d'exploitation

Besoin en fonds de roulement hors exploitation	=	Actif circulant hors exploitation	–	Dettes circulantes hors exploitation

Les besoins en fonds de roulement d'exploitation et hors exploitation sont mis en évidence par la représentation ***graphique*** des masses et des rubriques du bilan fonctionnel représentant le ***cycle d'exploitation*** :

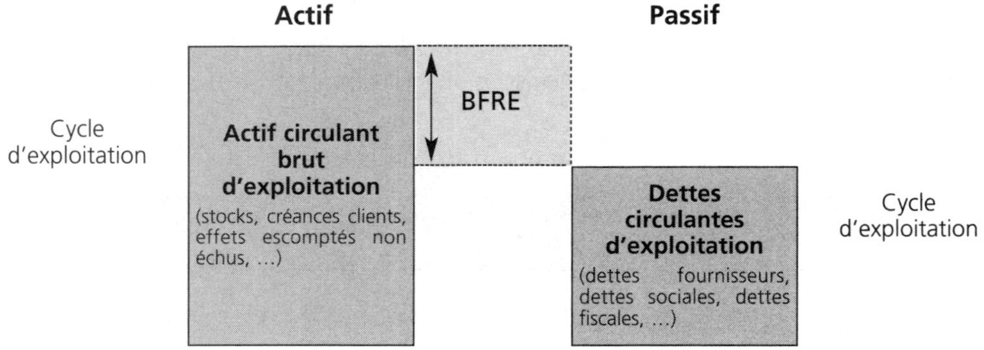

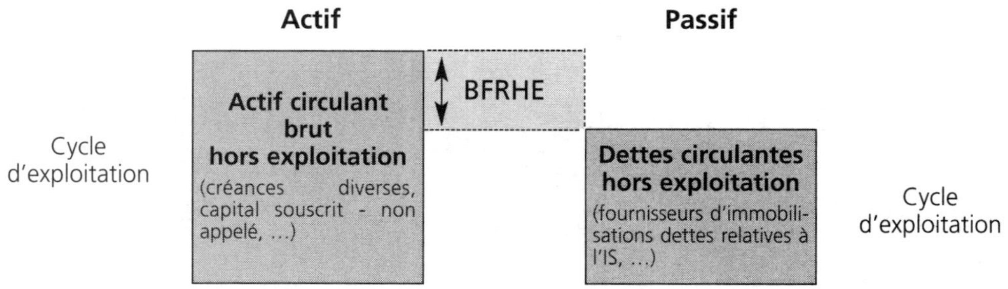

C- Le niveau et l'évolution du besoin en fonds de roulement

1) Le besoin en fonds de roulement d'exploitation

Plusieurs facteurs influent ***directement sur le niveau*** du besoin en fonds de roulement d'exploitation :

La durée du cycle d'exploitation ⟶ il est variable selon les branches d'activité. Plus le cycle d'exploitation est long, plus le besoin en fonds de roulement est important et inversement.

Le niveau du chiffre d'affaires	→	les éléments constitutifs du besoin en fonds de roulement (stocks, créances, dettes) sont sensiblement proportionnels au chiffre d'affaires. Le ratio ci-dessous permet d'en mesurer le poids et d'effectuer des prévisions : $\frac{\text{Besoin en fonds de roulement d'exploitation}}{\text{Chiffre d'affaires hors taxes}}$
Les décisions de gestion	→	en matière de durée du crédits fournisseurs, du crédit clients et du stockage.

Le besoin en fonds de roulement d'exploitation peut s'exprimer en nombre de jours de chiffre d'affaires :

$$\frac{\text{Besoin en fonds de roulement d'exploitation}}{\text{Chiffre d'affaires hors taxes}} \times 360 \text{ j}$$

Bien que le niveau du besoin en fonds de roulement d'exploitation dépende de celui de l'activité, il comporte une partie ***structurelle*** qui ne peut être réduite. Cette partie doit être ***financée par le fonds de roulement net global***.

Lorsque le besoin en fonds de roulement d'exploitation progresse ***plus rapidement*** que le fonds de roulement net global, un ***déséquilibre*** apparaît. Par contre, la constatation inverse peut traduire une ***bonne maîtrise*** de la durée du cycle d'exploitation (durées de stockage, de crédit clients et de crédit fournisseurs).

Le besoin en fonds de roulement d'exploitation peut être ***négatif***, il s'agit d'une ressource en fonds de roulement, les ressources de financement du cycle d'exploitation excèdent les besoins de financement du cycle d'exploitation. Cette situation est classique pour une entreprise de grande distribution car les créances clients sont faibles, voire nulles ; les stocks sont peu importants du fait de leur rotation rapide ; en revanche, les dettes fournisseurs sont élevées.

L'analyse de l'évolution du besoin en fonds de roulement d'exploitation est complétée par l'étude des ***ratios de rotation*** qui sont au nombre de ***trois***.

Ils permettent d'analyser les éléments constitutifs du besoin en fonds de roulement d'exploitation et de comprendre l'évolution de l'équilibre financier.

a) Le délai de rotation des stocks

1. Entreprise commerciale

$$\text{Rotation des stocks de marchandises} = \frac{\text{Stock moyen de marchandises}}{\text{Coût d'achat des marchandises vendues}} \times 360 \text{ j}$$

2. Entreprise industrielle

$$\text{Rotation des stocks de matières premières} = \frac{\text{Stock moyen de matières premières}}{\text{Coût d'achat des matières premières consommées}} \times 360\text{ j}$$

$$\text{Rotation des stocks de produits finis} = \frac{\text{Stock moyen de produits finis}}{\text{Coût de production des produits vendus}} \times 360\text{ j}$$

Ces ratios mesurent la durée ***d'écoulement*** des stocks ; elle doit être appréciée en prenant en compte la nature et la saisonnalité de l'activité.

Un ***allongement*** de cette durée entraîne une ***augmentation*** du besoin en fonds de roulement d'exploitation et inversement.

b) Le délai de rotation du crédit clients

$$\text{Durée moyenne du crédit clients} = \frac{\text{Créances clients et comptes rattachés + Effets escomptés non échus}}{\text{Chiffre d'affaires toutes taxes comprises}} \times 360\text{ j}$$

Ce ratio mesure la durée moyenne en jours du crédit consenti par l'entreprise à ses clients.

Un ***allongement*** de la durée a pour effet d'***augmenter*** le niveau du besoin en fonds de roulement d'exploitation et inversement.

L'allongement de la durée du crédit clients peut être dû soit à une mauvaise gestion de la relance des clients, soit à la qualité de la clientèle. Dans ces deux cas, des mesures correctives doivent être prises.

c) Le délai de rotation du crédit fournisseurs

$$\text{Durée moyenne du crédit fournisseurs} = \frac{\text{Dettes fournisseurs et comptes rattachés}}{\text{Consommations en provenance des tiers TTC}} \times 360\text{ j}$$

Ce ratio mesure la durée moyenne en jours du crédit obtenu par l'entreprise de la part de ses fournisseurs. Il doit être, en principe, ***supérieur*** au ratio du crédit clients.

Un ***allongement*** de la durée a pour effet de ***réduire*** le niveau du besoin en fonds de roulement d'exploitation.

Cependant, il est nécessaire de vérifier que l'allongement du crédit fournisseurs ne résulte pas de difficultés à respecter les échéances.

2) Le besoin en fonds de roulement hors exploitation

Le besoin en fonds de roulement hors exploitation n'est pas proportionnel au chiffre d'affaires et les moyens d'actions de l'entreprise pour le réduire sont limités.

Le besoin en fonds de roulement hors exploitation ***corrige*** le besoin en fonds de roulement d'exploitation, ***en plus ou en moins***, afin de dégager le besoin en fonds de roulement.

Si l'entreprise constate à un moment donné une ***ressource*** en fonds de roulement hors exploitation venant réduire le niveau du besoin en fonds de roulement et donc améliorer l'équilibre financier, il faut savoir que cette situation est ***éphémère***.

4 • LA TRÉSORERIE NETTE

A - Définition et calcul

La trésorerie nette est la ***résultante*** de la comparaison, à une date donnée, du fonds de roulement net global et du besoin en fonds de roulement.

Elle exprime l'***excédent ou l'insuffisance*** de fonds de roulement net global après financement du besoin en fonds de roulement.

L'équilibre financier, d'après l'analyse fonctionnelle, s'établit à partir de la ***relation fondamentale*** :

Trésorerie nette = Fonds de roulement net global – Besoin en fonds de roulement

La trésorerie nette se calcule également de la manière suivante :

Trésorerie nette = Actif de trésorerie – Passif de trésorerie

Elle est mise en évidence par la représentation graphique des rubiques concernées du bilan fonctionnel :

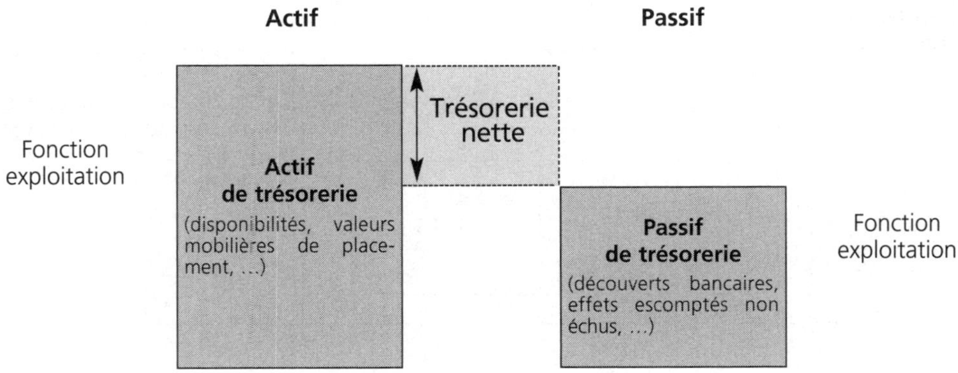

B- Le niveau et l'évolution de la trésorerie nette

Le niveau de la trésorerie nette ***dépend*** du niveau du fonds de roulement net global et de celui du besoin en fonds de roulement.

Le tableau ci-dessous présente les trois principales situations :

Situations de trésorerie	Relations	Commentaires
Trésorerie positive	FRNG > BFR Actif de trésorerie > Passif de trésorerie 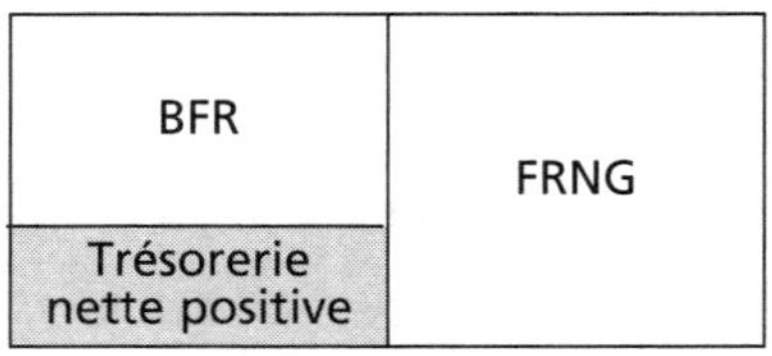	Le fonds de roulement net global finance intégralement le besoin en fonds de roulement. L'excédent de fonds de roulement net global constitue la trésorerie positive. Si cette situation se perpétue, il faut veiller à ce que la trésorerie positive ne soit pas excessive et envisager des placements rémunérateurs.
Trésorerie négative	FRNG < BFR Actif de trésorerie < Passif de trésorerie 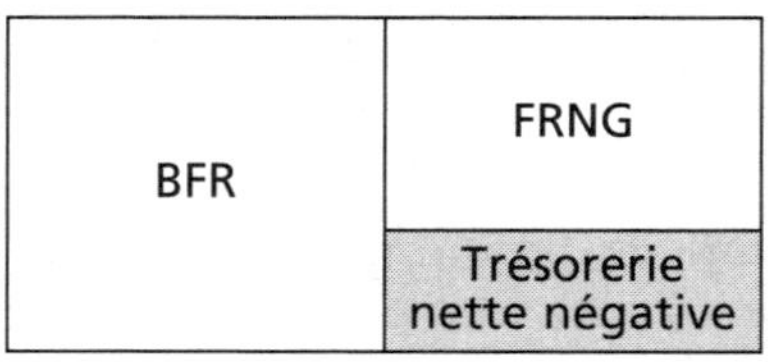	Le fonds de roulement net global est insuffisant pour financer le besoin en fonds de roulement en totalité. Une partie est couverte par des crédits bancaires. Cette situation est courante. Si elle se prolonge, il faut vérifier que les utilisations de concours bancaires n'augmentent pas régulièrement dans le temps. L'entreprise serait alors dépendante des banques et son risque de défaillance augmenterait.
Trésorerie proche de zéro	FRNG ≈ BFR Actif de trésorerie ≈ Passif de trésorerie 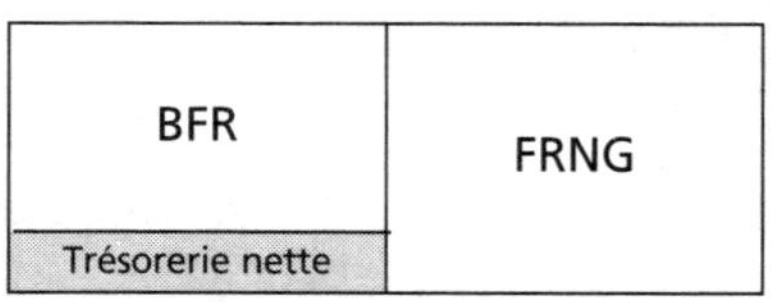	Le fonds de roulement net global est presque identique au besoin en fonds de roulement. Cette situation peut être considérée comme la meilleure du point de vue de l'analyse fonctionnelle.

Pour affiner son appréciation sur la situation de la trésorerie nette, l'analyste doit intégrer les ***potentialités*** de l'entreprise à se procurer rapidement des disponibilités (effets escomptables) ou des financements à court terme (créances mobilisables, crédits fournisseurs, ...).

5 • LES RATIOS DE STRUCTURE FINANCIÈRE

L'analyse de l'équilibre financier est utilement complétée par l'étude de ratios.

La Centrale de bilans retient principalement trois ratios.

A - Le ratio de couverture des capitaux investis

Ce ratio mesure l'équilibre du financement :

$$\text{Couverture des capitaux investis} = \frac{\text{Ressources stables}}{\text{Immobilisations + BFRE}}$$

Si la valeur du ratio est proche de 1, l'équilibre financier est respecté.

Si sa valeur est sensiblement inférieure à 1, cela signifie qu'une part des emplois stables est financée par des crédits de trésorerie. Cette situation peut être préjudiciable à long terme.

B - Le ratio d'autonomie financière

Ce ratio mesure :

- le degré de dépendance de l'entreprise à l'égard des prêteurs ;
- la capacité de l'entreprise à résister aux aléas tels que les pertes de marché, la défaillance de clients importants.

Il met en rapport les éléments suivants :

$$\text{Autonomie financière} = \frac{\text{Ressources propres}}{\text{Endettement financier}^{1}}$$

(1) Emprunt + Passif de trésorerie.

Sa valeur doit être supérieure à 1.

C - Le ratio de financement courant du besoin en fonds de roulement

Ce ratio mesure la part des besoins en fonds de roulement d'exploitation et hors exploitation financée par des concours bancaires :

$$\text{Financement courant du besoin en fonds de roulement} = \frac{\text{Concours bancaires courants}}{\text{Besoin en fonds de roulement}}$$

En règle générale, une valeur du ratio, exprimée en pourcentage, supérieure à 40 % traduit une dépendance trop forte de l'entreprise à l'égard des banques.

6 • L'ÉVOLUTION DE L'ANALYSE FONCTIONNELLE

L'analyse fonctionnelle classique de l'équilibre financier telle qu'elle est développée dans ce chapitre est ***peu adaptée*** à la structure financière des grandes entreprises.

Une nouvelle méthode appelée « ***Pool de fonds*** » est préférée.

Cette méthode reprend un classement fonctionnel des ressources et des emplois mais ***sans affectation*** de ressources spécifiques à des emplois déterminés ; l'ensemble des ressources finance donc l'ensemble des emplois.

Le bilan « Pool de fonds » distingue :

Les emplois : « Portefeuille d'actif »

- **Actifs industriels et commerciaux**
  - Immobilisations brutes.
  - Besoin en fonds de roulement.
- **Actifs financiers**
  - Immobilisations financières.
  - Valeurs mobilières de placement et disponibilités.

Les ressources : « Pool de ressources »

- **Ressources propres**
  - Internes.
  - Externes.
- **Ressources empruntées**
  - Dettes financières.
  - Crédits de trésorerie.

Le bilan « Pool de fonds » est structuré pour une lecture et une analyse « ***verticale*** » des masses qui le composent et non pas « horizontale ». La notion de fonds de roulement net global est ***abandonnée***. La trésorerie n'est plus considérée comme la résultante de la comparaison entre le fonds de roulement net global et le besoin en fonds de roulement ; la présence d'actif de trésorerie et de crédits de trésorerie peuvent découler de choix financiers.

La méthode « Pool de fonds » permet :

- d'analyser la structure financière de l'entreprise à travers la ***stratégie de développement*** adoptée par l'entreprise (actifs industriels, actifs financiers) et les ***choix de modes de financement*** (fonds propres, endettement) ;
- d'apprécier l'équilibre financier en fonction des ***arbitrages*** réalisés entre la rentabilité et les risques des actifs et des ressources.

7 • APPLICATION

La société Appache, entreprise industrielle ayant une activité de négoce, vous communique son bilan fonctionnel à la fin de l'exercice N :

Bilan fonctionnel

Actif	N	Passif	N
Actif stable	3 028 600	Ressources stables	3 745 500
Actif circulant d'exploitation	2 148 160	Passif d'exploitation	770 160
Actif circulant hors exploitation	87 340	Passif hors exploitation	74 040
Actif de trésorerie	120 300	Passif de trésorerie (1)	794 700
Total	5 384 400	Total	5 384 400

(1) dont concours bancaires et soldes créditeurs de banques : 760 000 €.

Le fonds de roulement net global est de :

Ressources stables	3 745 500
–	
Actif stable	3 028 600
=	
Fonds de roulement net global	**716 900**

Le besoin en fonds de roulement d'exploitation s'élève à :

Actif circulant d'exploitation	2 148 160
–	
Dettes d'exploitation	770 160
=	
Besoin en fonds de roulement d'exploitation	**1 378 000**

Le besoin en fonds de roulement hors exploitation est égal à :

Actif circulant hors exploitation	87 340
–	
Dettes hors exploitation	74 040
=	
Besoin en fonds de roulement hors exploitation	**13 300**

La trésorerie nette est de :

Fonds de roulement net global	716 900
–	
Besoin en fonds de roulement 1 378 000 + 13 300	1 391 300
=	
Trésorerie nette	**– 674 400**

Vérification :

Actif de trésorerie	120 300
–	
Passif de trésorerie	794 700
=	
Trésorerie nette	**– 674 400**

On constate que le fonds de roulement net global est inférieur au besoin en fonds de roulement ; la trésorerie est donc négative.

L'équilibre financier fonctionnel n'est pas respecté, mais ce déséquilibre est habituel pour les entreprises industrielles.

Il est nécessaire de calculer le ratio de financement courant du besoin en fonds de roulement :

$$\frac{760\ 000}{1\ 391\ 300} \times 100 \approx 55\ \%$$

55 % du besoin en fonds de roulement est financé par des crédits de trésorerie. Ce taux est plus élevé que la norme (40 %). Le risque financier est important ; pour le réduire, l'entreprise peut envisager soit une augmentation des ressources durables, soit une diminution du besoin en fonds de roulement.

CHAPITRE 9

Le bilan financier

1 • DÉFINITION ET OBJECTIF

L'analyse statique de la structure financière, d'après l'approche patrimoniale, repose sur l'étude de la ***solvabilité***, c'est-à-dire la capacité de l'entreprise à couvrir ses dettes ***exigibles*** à l'aide de ses actifs ***liquides***.

Le bilan financier est un bilan comptable ***après*** répartition du résultat, retraité en masses homogènes, selon le degré de liquidité des actifs et le degré d'exigibilité des passifs et présenté en ***valeurs nettes***.

Le bilan financier permet :

- d'***apprécier*** la structure financière de l'entreprise dans une optique de liquidation ;
- d'***évaluer*** le patrimoine réel ;
- de ***déterminer*** l'équilibre financier, en comparant les différentes masses du bilan classées selon leur degré de liquidité ou d'exigibilité et en observant le degré de couverture du passif exigible par les actifs liquides ;
- d'***étudier*** la solvabilité et la liquidité de l'entreprise ;
- de ***calculer*** la marge de sécurité financière de l'entreprise ;
- d'***estimer*** les risques courus par les créanciers et les associés.

2 • LA STRUCTURE DU BILAN FINANCIER

A- Les principes

Le bilan financier se présente sous la forme d'un tableau en deux parties, actif et passif, et composé de ***quatre*** masses homogènes significatives, regroupant des postes par ***ordre croissant de liquidité*** pour les actifs et par ***ordre croissant d'exigibilité*** pour les passifs.

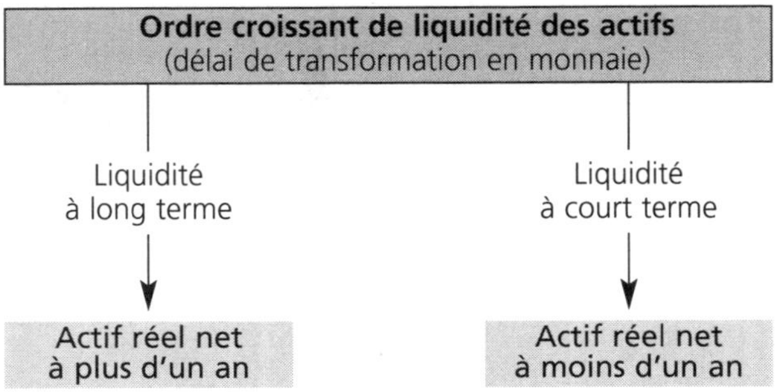

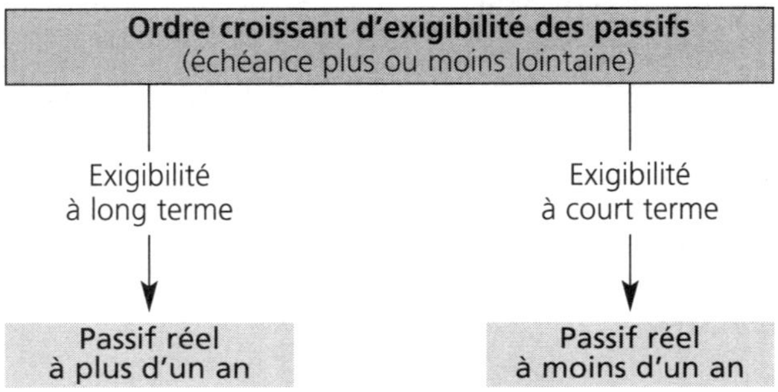

Les postes de l'actif sont évalués à leur ***valeur actuelle nette*** ou valeur vénale.

Les postes du passif comprennent l'***intégralité*** des dettes de l'entreprise.

Le passif à plus d'un an est composé :

– des capitaux propres représentant la ***valeur patrimoniale*** de l'entreprise ou actif net ;

– des dettes exigibles à plus d'un an.

Le bilan financier se schématise de la manière suivante :

Actif ou Emplois	Passif ou Ressources
Actif réel net à plus d'un an • Actif immobilisé net • Actif circulant à plus d'un an • Charges constatées d'avance à plus d'un an	**Passif réel à plus d'un an** • Capitaux propres • Provisions pour risques et charges à plus d'un an • Dettes à plus d'un an • Produits constatés d'avance à plus d'un an
Actif réel net à moins d'un an • Stocks et en-cours • Créances à moins d'un an • Disponibilités + Valeurs mobilières de placement	**Passif réel à moins d'un an** • Dettes financières à moins d'un an • Dettes non financières à moins d'un an • Provisions pour risques et charges à moins d'un an

Classement par ordre de liquidité croissante. (Actif)

Classement par ordre d'exigibilité croissante. (Passif)

B- Les retraitements

La constitution des quatre masses homogènes du bilan financier nécessite plusieurs retraitements du bilan comptable.

1) Le reclassement des postes du bilan comptable

Certains postes du bilan comptable sont reclassés selon leur ***degré*** de liquidité ou d'exigibilité dans la masse concernée :

Postes à reclasser	Analyse
Capital souscrit – non appelé	Dans le cas d'une liquidation de l'entreprise, la fraction de capital non appelée est appelée immédiatement. De ce fait, le capital souscrit non appelé est reclassé dans les créances à moins d'un an.
Provisions pour risques et charges	Elles sont ventilées dans les dettes à plus ou moins d'un an selon la date prévue de réalisation du risque ou de la charge.
Comptes courants d'associés	La partie des comptes courants d'associés qui est bloquée est reclassée en capitaux propres.
Postes de l'actif immobilisé	Les postes de l'actif immobilisé dont l'échéance est à moins d'un an sont reclassés en actif à moins d'un an.
Postes de l'actif circulant	Les postes de l'actif circulant dont l'échéance est à plus d'un an sont reclassés en actif réel net à plus d'un an.
Charges et produits constatés d'avance	Ils sont ventilés selon leur échéance dans les masses appropriées.
Postes de dettes	Les postes de dettes sont répartis selon leur degré d'exigibilité à plus ou moins d'un an.
Écart de conversion – Actif	La part de la perte de change latente non couverte par une provision est éliminée de l'actif et retranchée des capitaux propres.
Écart de conversion – Passif	Les gains de change latents sont reclassés dans les capitaux propres.
Résultat de l'exercice	Le résultat de l'exercice est ventilé en capitaux propres pour la part mis en réserves et en dettes à moins d'un an pour la part distribuée aux associés.

2) L'intégration des éléments hors bilan

Certains éléments ne figurant ***plus*** ou ***pas*** dans le bilan comptable doivent être intégrés dans le bilan financier :

Postes à intégrer	Analyse
Effets escomptés non échus	Ils sont réintégrés à l'actif dans les créances à moins d'un an et au passif dans les dettes à moins d'un an.
Plus ou moins-values latentes	L'évaluation des actifs à la valeur actuelle nécessite la prise en compte des plus ou moins values latentes qui affectent les postes concernés et les capitaux propres.

Postes à intégrer	Analyse
Impôts latents	Les subventions d'investissements ainsi que les provisions réglementées seront rapportées aux résultats lors d'exercices ultérieurs et supporteront donc l'impôt sur les sociétés. La dette fiscale latente est intégrée aux dettes à plus d'un an et retranchée des capitaux propres.

3) L'élimination de postes du bilan comptable

Certains postes de l'actif n'ont ***aucune valeur actuelle*** et constituent l'***actif fictif*** ; ils doivent être éliminés de l'actif pour leur valeur nette et retranchés des capitaux propres au passif.

L'actif fictif comprend :

– les frais d'établissement ;

– les frais de recherche ;

– les charges à répartir sur plusieurs exercices ;

– les primes de remboursement des obligations.

3 • LA PRÉSENTATION DU BILAN FINANCIER APRÈS LES RETRAITEMENTS

La construction du bilan financier est facilitée par :

– les informations figurant au pied du bilan ;

– l'état des échéances des créances et des dettes à la clôture de l'exercice (article 532 – 4 du Plan comptable général).

Voir tableau page ci-contre.

Actif (degré de liquidité)	Passif (degré d'exigibilité)
Actif à plus d'un an	**Passif à plus d'un an**
• Actif immobilisé net (Total I au bilan)	• Capitaux propres (Total I au bilan)
+ Plus values latentes + Part de l'actif circulant net à plus d'un an (stock outil, créances, ...) + Charges constatées d'avance à plus d'un an – Moins values latentes – Part de l'actif immobilisé net à moins d'un an – Capital souscrit – non appelé	+ Plus values latentes + Comptes courants bloqués + Écart de conversion – Passif – Part d'écart de conversion actif non couverte par une provision – Impôt latent sur subventions d'investissement et provisions réglementées – Actif fictif net – Moins values latentes
Postes constituant l'actif fictif net à éliminer : Frais d'établissement Frais de recherche sur projets non réalisables Primes de remboursement des obligations Charges à répartir	• Dettes à plus d'un an + Provisions pour risques et charges à plus d'un an + Impôt latent à plus d'un an sur subventions d'investissement et provisions réglementées + Produits constatés d'avance à plus d'un an
Actif à moins d'un an	**Passif à moins d'un an**
• Actif circulant net	• Dettes fournisseurs, sociales, fiscales, diverses
– Part de l'actif circulant net à plus d'un an + Charges constatées d'avance à moins d'un an + Part de l'actif immobilisé à moins d'un an + Effets escomptés non échus + Capital souscrit – non appelé + Part d'écart de conversion actif couverte par une provision	+ Dettes financières à moins d'un an + Provisions pour risques et charges à moins d'un an + Impôt latent à moins d'un an sur subventions d'investissement et provisions réglementées + Effets escomptés non échus + Produits constatés d'avance à moins d'un an

4 • APPLICATION

L'entreprise Appache vous communique les données suivantes relatives à sa situation financière au 31 décembre de l'exercice N :

Bilan au 31/12/N

Actif	Brut	Amortissements Provisions à déduire	Net	Passif	Net
Actif immobilisé	3 026 980	1 670 260	1 356 720	Capitaux propres	
Actif circulant :				Capital	600 000
Stocks et en-cours	844 780	10 280	834 500	Réserves	369 660
Avances et acomptes versés sur commande	23 700		23 700	Report à nouveau	23 880
				Résultat de l'exercice	30 660
Créances	1 170 980	107 060	1 063 920	Subventions d'investissement	6 800
Créances diverses	75 340		75 340		
Disponibilités	120 300		120 300	Provisions réglementées	78 500
Charges constatées d'avance	86 000		86 000	Provisions pour risques et charges	25 860
Charges à répartir sur plusieurs exercices	1 620		1 620	Dettes :	
				Dettes financières	1 582 540
				Avances et acomptes reçus sur commande en cours	4 820
				Dettes d'exploitation	518 000
				Dettes diverses	74 040
				Produits constatés d'avance	247 340
Total général	5 349 700	1 787 600	3 562 100	Total général	3 562 100

Renseignements complémentaires :

- les frais de recherche sont considérés comme de l'actif fictif, montant net 1 600 € ;
- une plus-value latente relative aux constructions s'élève à 54 000 € ; la valeur nette comptable des constructions est de 251 300 € ;
- le montant des effets escomptés non échus est de 34 700 € ;
- parmi les clients douteux, certains sont à classer en créances à plus d'un an ; montant brut 67 000 €, provisions correspondantes : 20 100 € ;
- la société envisage une distribution de dividendes de 25 660 €, le reste du bénéfice et le report à nouveau sont portés en réserves ;
- 760 000 € de dettes financières ont une échéance à moins d'un an ;
- 15 000 € de provisions pour risques et charges sont à moins d'un an ;
- les impôts latents à plus d'un an relatifs aux subventions d'investissement et aux provisions réglementées s'élèvent à 28 430 €.

Les retraitements nécessaires pour établir le bilan financier sont les suivants :

– actif fictif net :

Frais de recherche	:	1 600
Charges à répartir sur plusieurs exercices	:	1 620
Total	:	3 220

– valeur actuelle des constructions :

Valeur nette comptable des constructions	:	251 300
Plus-value latente	:	54 000
Total	:	305 300

Actif réel net à plus d'un an

- Actif immobilisé réel net

Actif immobilisé net	:	1 356 720
Charges à répartir sur plusieurs exercices	:	1 620
Plus-value latente sur constructions	:	54 000
Actif fictif	:	– 3 220
Total	:	1 409 120

- Actif circulant à plus d'un an

Part de l'actif circulant net à plus d'un an : (67 000 – 20 100)	:	46 900
Total	:	46 900

d'où : 1 409 120 + 46 900 = **1 456 020**

Actif réel net à moins d'un an

- Stocks et en-cours

Stocks et en-cours	:	834 500
Total	:	834 500

- Créances à moins d'un an

Créances nettes : (23 700 + 1 063 920 + 75 340 + 86 000)	:	1 248 960
Part de l'actif circulant net à plus d'un an	:	– 46 900
Effets escomptés non échus	:	34 700
Total	:	1 236 760

• Disponibilités

Disponibilités	:	120 300
Total	:	120 300

d'où : 834 500 + 1 236 760 + 120 300 = **2 191 560**

Passif réel à plus d'un an

• Capitaux propres

Capitaux propres au bilan : (600 000 + 369 660 + 23 880 + 30 660 + 6 800 + 78 500)	:	1 109 500
Plus-value latente	:	54 000
Actif fictif net	:	– 3 220
Impôts latents sur subventions d'investissement et provisions réglementées	:	– 28 430
Dividendes	:	– 25 660
Total	:	1 106 190

• Provisions pour risques et charges à plus d'un an

Provisions pour risques et charges à plus d'un an : (25 860 – 15 000)	:	10 860
Total	:	10 860

• Dettes à plus d'un an

Dettes financières à plus d'un an : (1 582 540 – 760 000)	:	822 540
Impôts latents sur subventions d'investissements et provisions réglementées	:	28 430
Total	:	850 970

d'où : 1 106 190 + 10 860 + 850 970 = **1 968 020**

Passif réel à moins d'un an

• Dettes financières à moins d'un an

Dettes financières à moins d'un an	:	760 000
Total	:	760 000

• Dettes non financières à moins d'un an

Dettes fournisseurs, sociales, fiscales et diverses : (4 820 + 518 000 + 74 040)	:	596 860
Dividendes	:	25 660
Effets escomptés non échus	:	34 700
Produits constatés d'avance	:	247 340
Total	:	904 560

• Provisions pour risques et charges à moins d'un an

Provisions pour risques et charges à moins d'un an	:	15 000
Total	:	15 000

d'où : 760 000 + 904 560 + 15 000 = **1 679 560**

Le bilan financier se présente comme suit :

Bilan financier

Actif réel net à plus d'un an	**1 456 020**	**Passif réel à plus d'un an**	**1 968 020**
• Actif immobilisé net	1 409 120	• Capitaux propres	1 106 190
• Actif circulant à plus d'un an	46 900	• Provisions pour risques et charges à plus d'un an	10 860
		• Dettes à plus d'un an	850 970
Actif réel net à moins d'un an	**2 191 560**	**Passif réel à moins d'un an**	**1 679 560**
• Stocks et en-cours	834 500	• Dettes financières à moins d'un an	760 000
• Créances à moins d'un an	1 236 760	• Dettes non financières à moins d'un an	904 560
• Disponibilités	120 300	• Provisions pour risques et charges à moins d'un an	15 000
Total	**3 647 580**	Total	**3 647 580**

CHAPITRE 10

L'analyse de la liquidité et de la solvabilité

1 • LA NOTION D'ÉQUILIBRE FINANCIER

L'évolution, la comparaison et la combinaison des masses et des rubriques du ***bilan financier*** permettent d'apprécier l'équilibre financier de l'entreprise à un moment donné.

L'équilibre financier est analysé à partir de ***trois indicateurs*** : le fonds de roulement financier, la solvabilité de l'entreprise et la liquidité du bilan.

En principe, d'après l'approche patrimoniale, l'équilibre financier de l'entreprise est respecté lorsque les actifs liquides couvrent les dettes exigibles.

2 • LE FONDS DE ROULEMENT FINANCIER

A - Définition

Le fonds de roulement financier permet d'apprécier l'équilibre financier de l'entreprise ; il est un indicateur de sa ***solvabilité*** et de son ***risque de cessation de paiements***.

Le fonds de roulement financier représente une ***marge de sécurité*** financière pour l'entreprise et une ***garantie*** de remboursement des dettes à moins d'un an pour les créanciers.

B - Calcul

Le fonds de roulement financier est calculé en général, par ***différence*** entre l'actif réel net à moins d'un an et le passif réel à moins d'un an.

Fonds de roulement financier	=	Actif réel net à moins d'un an	–	Passif réel à moins d'un an

Le fonds de roulement financier peut être évalué également par le ***haut du bilan*** financier :

Fonds de roulement financier	=	Passif réel à plus d'un an	–	Actif réel net à plus d'un an

Cette méthode permet d'apprécier le ***mode de financement*** des actifs à plus d'un an.

Le fonds de roulement financier est mis en évidence par la représentation graphique des masses du bilan financier

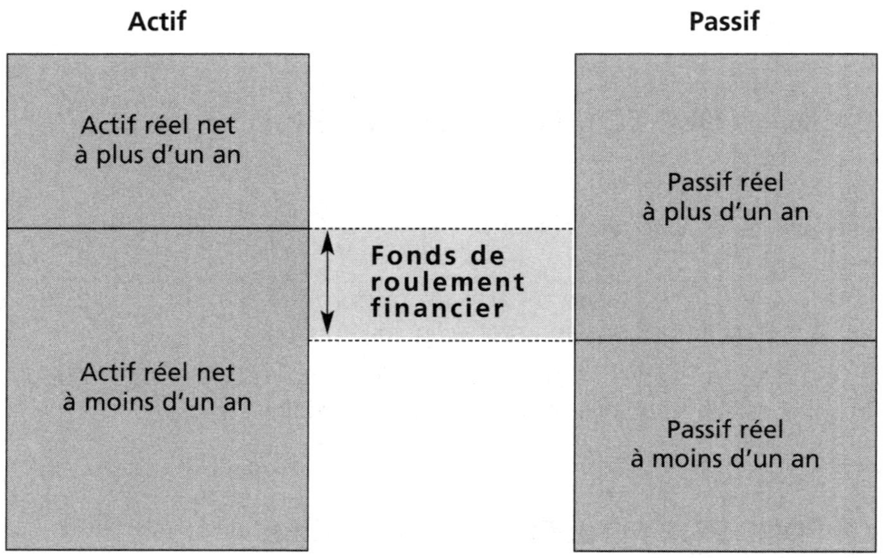

C- Le niveau et l'évolution du fonds de roulement financier

Comme pour l'analyse fonctionnelle, la ***taille*** de l'entreprise et la nature de son ***secteur*** d'activité influent sur le niveau du fonds de roulement financier.

Le fonds de roulement financier doit être ***positif*** afin d'assurer un volant de sécurité à l'entreprise, sachant que la rentrée des fonds générée par les actifs à moins d'un an sont ***aléatoires*** alors que les sorties de fonds occasionnées par les dettes sont ***certaines***. Le fonds de roulement financier permet de faire face, par exemple, à des difficultés de recouvrement de créances.

Un fonds de roulement financier ***négatif*** traduit des ***difficultés*** financières et une augmentation du risque financier. Toutefois, la nécessité d'un fonds de roulement financier positif ne constitue pas une règle de l'équilibre financier applicable à tous les secteurs d'activité. En effet, les entreprises appartenant au secteur de la grande distribution dégagent un fonds de roulement financier négatif, dû à des actifs à court terme réduits, tout en ayant une situation financière saine.

L'approche patrimoniale ne permet pas, contrairement à l'analyse fonctionnelle, de déterminer un niveau optimum de fonds de roulement financier.

3 • LES RATIOS DE LIQUIDITÉ ET DE SOLVABILITÉ

L'analyse de l'équilibre financier est utilement complétée par l'étude de ratios.

A- Les ratios de liquidité

La liquidité du bilan traduit la ***capacité*** de l'entreprise ***à payer*** ses dettes à court terme à l'aide des actifs à court terme. Son évolution est appréciée dans le temps et dans l'espace à l'aide de trois ratios.

Ratio	Calcul	Interprétation
Ratio de liquidité générale	$\frac{\text{Actif réel net à moins d'un an}}{\text{Passif réel à moins d'un an}}$	Si le ratio est supérieur à 1, le fonds de roulement financier est positif et inversement. Ce ratio permet d'apprécier dans quelle mesure l'actif à court terme finance les engagements à court terme. Malgré un ratio supérieur à 1, l'entreprise peut connaître des difficultés de trésorerie si l'exigibilité des dettes est plus rapide que la liquidité des actifs.
Ratio de liquidité restreinte	$\frac{\text{Créances à moins d'un an + Disponibilités + VMP}}{\text{Passif réel à moins d'un an}}$	Ce ratio doit être proche de 1. Il mesure le degré de couverture des dettes à court terme par les créances à moins d'un an, les disponibilités et les valeurs mobilières de placement. Il faut veiller également à ce que la durée du crédit fournisseurs soit supérieure à celle du crédit clients.
Ratio de liquidité immédiate	$\frac{\text{Disponibilités + Valeurs mobilières de placement}}{\text{Passif réel à moins d'un an}}$	Ce ratio présente peu d'intérêt et doit être interprété avec prudence, car un ratio sensiblement inférieur à 1 peut traduire soit des difficultés de trésorerie, soit au contraire une gestion de trésorerie proche de zéro.

B- Les ratios de solvabilité

La solvabilité s'apprécie dans l'optique d'une ***liquidation*** de l'entreprise.

L'entreprise reste solvable lorsque l'actif réel net permet de ***couvrir l'***ensemble des dettes.

Deux ratios sont utilisés pour vérifier la solvabilité de l'entreprise.

Ratio	Calcul	Interprétation
Ratio de solvabilité générale	$\frac{\text{Actif réel net}}{\text{Total des dettes}}$	Ce ratio doit être supérieur à 1 pour que l'entreprise soit jugée capable de payer ses dettes. Cependant, une entreprise solvable peut présenter des risques d'illiquidité, d'où l'intérêt de compléter l'étude par les ratios de liquidités présentés précédemment.
Ratio d'autonomie financière	$\frac{\text{Capitaux propres}}{\text{Total des dettes}}$	D'après la norme, les capitaux propres doivent couvrir au minimum un tiers des dettes. Plus le ratio est élevé, plus l'autonomie financière de l'entreprise est grande.

4 • APPLICATION

L'entreprise Appache, entreprise industrielle ayant une activité de négoce, vous communique son bilan financier au 31 décembre de l'exercice N :

Bilan financier

Actif réel net à plus d'un an	**1 456 020**	**Passif réel à plus d'un an**	**1 968 020**
• Actif immobilisé net	1 409 120	• Capitaux propres	1 106 190
• Actif circulant à plus d'un an	46 900	• Provisions pour risques et charges à plus d'un an	10 860
		• Dettes à plus d'un an	850 970
Actif réel net à moins d'un an	**2 191 560**	**Passif réel à moins d'un an**	**1 679 560**
• Stocks et en-cours	834 500	• Dettes financières à moins d'un an	760 000
• Créances à moins d'un an	1 236 760	• Dettes non financières à moins d'un an	904 560
• Disponibilités	120 300	• Provisions pour risques et charges à moins d'un an	15 000
Total	**3 647 580**	Total	**3 647 580**

Les renseignements complémentaires suivants vous sont fournis :

– la durée moyenne de crédit des créances à moins d'un an est de 75 jours ;

– la durée moyenne de crédit des dettes à moins d'un an est de 76 jours.

Le fonds de roulement financier s'élève :

Actif réel net à moins d'un an	2 191 560
–	–
Passif réel net à moins d'un an	1 679 560
=	=
Fonds de roulement financier	512 000

L'entreprise constate un fonds de roulement financier positif, elle est donc capable de payer ses dettes à court terme.

Le ratio de liquidité générale est de :

$$\frac{2\ 191\ 560}{1\ 679\ 560} = 1{,}30$$

Le ratio est supérieur à 1 ce qui confirme un fonds de roulement financier positif.

Le ratio de liquidité restreinte est de :

$$\frac{1\ 236\ 760 + 120\ 300}{1\ 679\ 560} = 0{,}81$$

Bien que ce ratio soit proche de 1, nous constatons que la durée de crédit clients est identique à celle des fournisseurs : l'équilibre financier est donc précaire.

Le ratio de liquidité immédiate s'élève à :

$$\frac{120\ 300}{1\ 679\ 560} = 0{,}07$$

Ce ratio est nettement inférieur à 1 mais il est peu significatif en raison du découvert bancaire.

Le ratio de solvabilité générale à une valeur de :

$$\frac{3\ 647\ 580}{(10\ 860 + 850\ 970 + 1\ 679\ 560)} = 1{,}44$$

En cas de liquidation, la couverture des dettes est assurée ; l'entreprise est donc solvable.

Le ratio d'autonomie financière à une valeur de :

$$\frac{1\ 106\ 190}{(10\ 860 + 850\ 970 + 1\ 679\ 560)} = 0{,}44$$

Les capitaux propres couvrent 44 % des dettes, ce qui est correct.

PARTIE 3

Les tableaux de flux

CHAPITRE 11

La description et l'analyse du tableau de financement

1 • DÉFINITION ET OBJECTIF

Le tableau de financement permet une analyse ***fonctionnelle dynamique*** de la situation financière de l'entreprise.

Il vient ***compléter*** l'analyse statique de la structure financière menée à partir du bilan fonctionnel.

Le tableau de financement a pour objet de décrire les mouvements, les ***flux monétaires*** ou ***variations*** d'emplois et de ressources survenus pendant un exercice afin d'expliquer l'origine de la variation du fonds de roulement net global et d'analyser l'utilisation de cette variation.

Le tableau de financement permet :

- d'***apprécier*** les opérations qui ont contribué à l'évolution du patrimoine au cours d'un exercice ;
- de ***juger*** de la pertinence des politiques d'investissements, de financement, de stockage et de trésorerie et de distribution de dividendes ;
- de ***mesurer*** la capacité de remboursement ;
- de ***comprendre*** la formation de l'équilibre financier d'après l'approche fonctionnelle ;
- d'***apprécier*** l'évolution du fonds de roulement, des éléments du cycle d'exploitation ;
- de ***déceler*** les déséquilibres financiers et les risques de faillite qui en découlent.

Le tableau de financement ne fait pas partie des documents de synthèse obligatoires que l'entreprise doit présenter.

Il est inclus dans l'annexe du système développé qui est le système facultatif.

Toutefois, l'établissement du tableau de financement est ***obligatoire*** en tant que document d'information financière pour les entreprises qui dépassent l'un des deux critères suivants :

- 300 salariés ;
- 18 millions d'euros de chiffre d'affaires.

Le Plan comptable général a prévu un modèle du tableau de financement qui fait l'objet de ce chapitre.

2 • LA STRUCTURE DU TABLEAU DE FINANCEMENT

Le tableau de financement s'établit à partir :

– de deux bilans successifs ;

– du compte de résultat ;

– et de renseignements complémentaires fournis dans l'annexe.

Il ne contient que des ***flux financiers***.

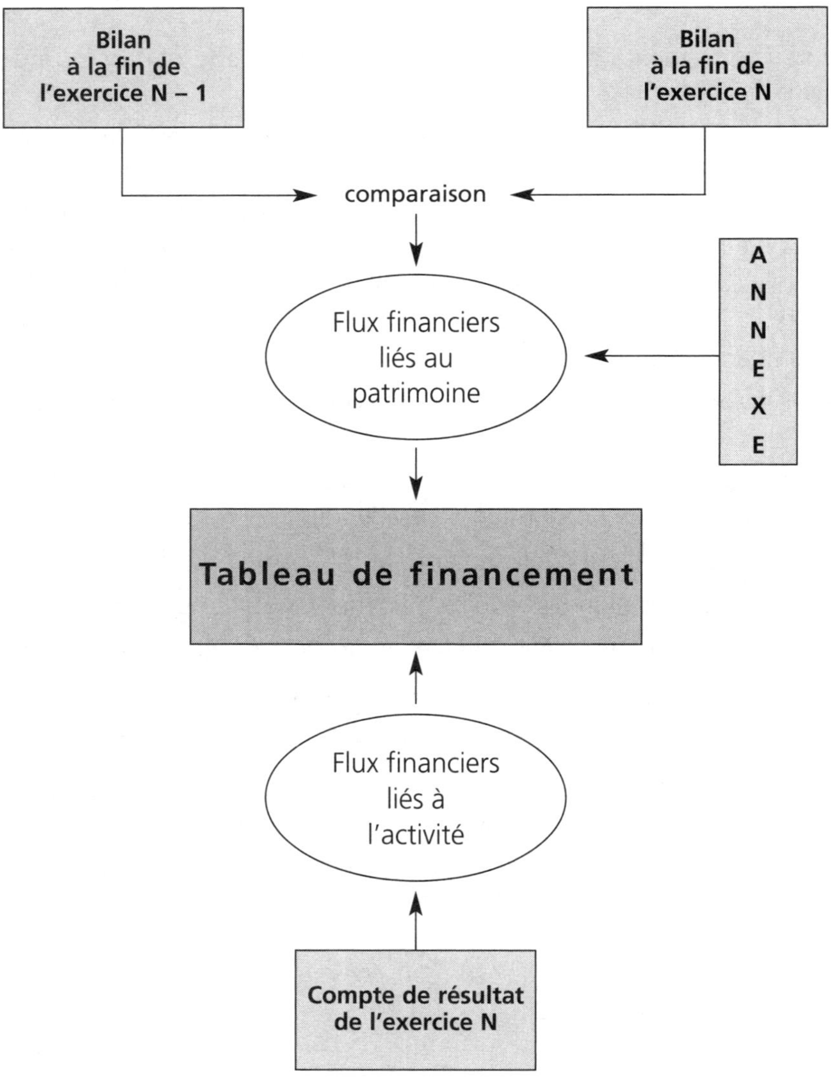

La structure du tableau de financement est fondée sur la ***relation fondamentale*** de l'équilibre financier fonctionnel considérant la trésorerie nette comme la résultante de la comparaison du fonds de roulement net global avec le besoin en fonds de roulement.

Le tableau de financement du Plan comptable général, comprend ***deux parties*** :

TABLEAU I → *Tableau des emplois et des ressources*

Δ Ressources durables entre le début et la fin de l'exercice – Δ Emplois stables entre le début et la fin de l'exercice = Δ FRNG

De signe contraire =

TABLEAU II → *Tableau de variation du fonds de roulement net global*

Δ Actif circulant entre le début et la fin de l'exercice (d'exploitation, hors exploitation, trésorerie) – Δ Passif circulant entre le début et la fin de l'exercice (d'exploitation, hors exploitation, trésorerie) = Δ FRNG

Il existe d'***autres modèles*** de tableau de financement, notamment ceux de la Centrale de bilans et de l'Ordre des experts-comptables.

3 • LE TABLEAU DES EMPLOIS – RESSOURCES : TABLEAU I

La première partie du tableau de financement permet d'expliquer comment s'est formée la ***variation*** du fonds de roulement net global par différence entre les ressources ***durables*** et les emplois ***stables*** de l'exercice.

Ressources durables de l'exercice

–

Emplois stables de l'exercice

=

Variation du fonds de roulement net global

A - Les ressources durables

Les ressources durables obtenues au cours de l'exercice correspondent à leur ***variation*** entre le début et la fin de l'exercice.

Elles se composent :

De ressources internes →	représentées par la capacité d'autofinancement calculée à partir du compte de résultat.
De ressources externes →	constituées par : – les ressources propres ; – l'endettement stable ; – les ressources liées aux opérations exceptionnelles telles que les cessions ou réductions d'actif immobilisé.

Les ressources durables de l'exercice proviennent :

- → d'une ***augmentation*** des ressources durables ;
- → d'une ***diminution*** des emplois stables.

L'évaluation des éléments constituant les ressources durables nécessite les remarques suivantes :

Ressources = Augmentation des ressources durables + Diminution des emplois stables

Éléments	Remarques
Capacité d'autofinancement de l'exercice	Elle est calculée à partir de l'excédent brut d'exploitation.
Cessions d'éléments de l'actif immobilisé ou Réductions d'éléments de l'actif immobilisé	La ressource est constituée par le prix de cession des immobilisations. Il s'agit de diminution (en valeur brute) d'immobilisations financières par remboursements. Les intérêts courus doivent être exclus.
Augmentation des capitaux propres	Elle concerne l'augmentation des apports appelés, augmentés de la prime d'émission, et le montant des nouvelles subventions obtenues dans l'exercice.
Augmentation des dettes financières	Il s'agit du montant des nouveaux emprunts contractés au cours de l'exercice sauf les concours bancaires courants et les soldes créditeurs des comptes banques.

B- Les emplois stables

Les emplois stables réalisés au cours de l'exercice correspondent à leur ***variation*** entre le début et la fin de l'exercice.

Ils comprennent essentiellement :

- les dividendes distribués ;
- les investissements ;
- les remboursements de dettes financières.

Les emplois stables de l'exercice proviennent :

→ d'une ***augmentation*** des emplois stables ;
→ d'une ***diminution*** des ressources durables.

L'évaluation des éléments constituant les emplois stables nécessite les remarques suivantes :

Emplois = Augmentation des emplois stables + Diminution des ressources durables

Éléments	Remarques
Distributions mises en paiement au cours de l'exercice	Il s'agit du montant des dividendes versés pendant l'exercice mais concernant l'exercice précédant.
Acquisitions d'éléments de l'actif immobilisé	Il faut indiquer les valeurs d'origine (coût d'acquisition) des immobilisations acquises pendant l'exercice.
Charges à répartir sur plusieurs exercices	C'est le montant des charges transférées au cours de l'exercice qui doit figurer dans le tableau.
Réduction des capitaux propres	Seule la réduction de capitaux propres entraînant des sorties de fonds est concernée (retraits de l'exploitant ou remboursements de capital aux associés).
Remboursements de dettes financières	Il s'agit du montant des amortissements des emprunts. Il faut exclure les concours bancaires courants et les soldes créditeurs des comptes banques.

C- Le modèle du tableau I

Le tableau des emplois et des ressources en compte est prévu à l'article 532 – 9 du Plan comptable général :

Art 532 – 9 Modèle de tableau des emplois et des ressources

I. Tableau de financement en compte

EMPLOIS	Exercice N	Exercice N – 1	RESSOURCES	Exercice N	Exercice N – 1
Distributions mises en paiement au cours de l'exercice................................			Capacité d'autofinancement de l'exercice.....		
Acquisitions d'éléments de l'actif immobilisé :			Cessions ou réductions d'éléments de l'actif immobilisé :		
Immobilisations incorporelles			Cessions d'immobilisations :		
Immobilisations corporelles			– incorporelles		
Immobilisations financières			– corporelles		
Charges à répartir sur plusieurs exercices **(a)**			Cessions ou réductions d'immobilisations financières		
Réduction des capitaux propres			Augmentation des capitaux propres		
(réduction de capital, retraits)			Augmentation de capital ou apports ...		
Remboursements de dettes financières **(b)**			Augmentation des autres capitaux propres ..		
			Augmentation des dettes financières **(b) (c)**		
Total des emplois	X	X	**Total des ressources**	X	X
Variation du fonds de roulement net global (ressource nettte)			Variation du fonds de roulement net global (emploi net)		

(a) Montant brut transféré au cours de l'exercice.
(b) Sauf concours bancaires courants et soldes créditeurs de banques.
(c) Hors primes de remboursement des obligations.

L'article 532 – 10 du Plan comptable général prévoit la présentation du tableau I en liste.

D- L'analyse du tableau I

Lorsque les ressources durables de l'exercice sont ***supérieures*** aux emplois stables de l'exercice, la variation du fonds de roulement net global est ***positive*** ; cela traduit une augmentation du fonds de roulement net global, donc une ***amélioration*** de la structure financière et inversement. Cependant, il est nécessaire de savoir comment la variation positive du fonds de roulement net global a été utilisée en effectuant une comparaison avec le tableau II.

Si :

Ressources durables de l'exercice > Emplois stables de l'exercice = **Ressource nette (+)**

⟹ Augmentation du fonds de roulement net global

Si :

Ressources durables de l'exercice < Emplois stables de l'exercice = **Emploi net (–)**
⇒ Diminution du fonds de roulement net global

La lecture horizontale et verticale du tableau des Emplois – Ressources, sur plusieurs périodes, permet d'analyser les décisions stratégiques mises en oeuvre par l'entreprise et les facteurs de risques en matière :

D'investissement ou de désinvestissement ⟶ afin d'apprécier les choix de développement ou de recentrage :
- comparaison entre les acquisitions d'immobilisations corporelles et les acquisitions d'immobilisations financières ;
- importance des cessions d'éléments de l'actif.

De financement des emplois ⟶ afin de mesurer l'autonomie financière et la capacité de remboursement :
- comparaison de la capacité d'autofinancement avec les ressources externes et avec l'endettement stable ;
- comparaison entre les fonds propres et l'endettement.

De distribution de dividendes ⟶ afin d'évaluer la part de la capacité d'autofinancement consacrée à la rémunération des associés et à l'autofinancement, il faut comparer la capacité d'autofinancement avec la distribution des dividendes.

4 • LE TABLEAU DES VARIATIONS DU FONDS DE ROULEMENT NET GLOBAL : TABLEAU II

La deuxième partie du tableau de financement explique comment la variation positive du fonds de roulement net global a été ***utilisée*** ou comment la variation négative du fonds de roulement net global a été ***couverte***, en faisant apparaître ***trois catégories*** de variations :

– les variations du fonds de roulement d'exploitation ;

– les variations du fonds de roulement hors exploitation ;

– et les variations de la trésorerie nette.

Les variations (Δ) s'obtiennent par différence entre les valeurs brutes des postes concernés des bilans fonctionnels « N » et « N – 1 ».

A - Les besoins et les dégagements

Les variations représentent soit des besoins en fonds de roulement, soit des dégagements de fonds de roulement.

Les besoins en fonds de roulement proviennent :

- d'une ***augmentation*** des postes de l'actif circulant ;
- d'une ***diminution*** des postes de dettes cycliques.

Les dégagements de fonds de roulement proviennent :

- d'une ***augmentation*** des postes de dettes cycliques ;
- d'une ***diminution*** des postes de l'actif circulant.

B - Les soldes

Pour ***chaque catégorie*** de variation (exploitation, hors exploitation, trésorerie), il est nécessaire de calculer un solde, représentant la ***variation nette***.

Le solde doit toujours être calculé dans le sens :

> Dégagements – Besoins = Variation nette

Si :

> Dégagements < Besoins = Besoins nets ⟹ **Solde négatif**

Si :

> Dégagements > Besoins = Dégagements nets ⟹ **Solde positif**

La ***somme*** des trois variations nettes représente la variation du fonds de roulement net global :

> Δ nette d'exploitation + Δ nette hors exploitation + Δ nette trésorerie = Δ FRNG

Ou :

> Δ Besoin en fonds de roulement (ou dégagement) + Δ nette trésorerie = Δ FRNG

C - Le schéma explicatif du tableau II

L'élaboration de la deuxième partie du tableau de financement nécessite les explications suivantes :

Variation du fonds de roulement net global	Besoins = Augmentation de l'actif circulant + Diminution des dettes cycliques	Dégagements = Augmentation des dettes cycliques + Diminution de l'actif circulant	Solde = Dégagements – Besoins
Variation exploitation			
• Variation des actifs d'exploitation	Valeurs brutes bilan N > Valeurs brutes bilan N – 1	Valeurs brutes bilan N < Valeurs brutes bilan N – 1	
• Variation des dettes d'exploitation	Valeurs brutes bilan N < Valeurs brutes bilan N – 1	Valeurs brutes bilan N > Valeurs brutes bilan N – 1	
TOTAUX			
A. Variation nette d'exploitation			Si besoins > dégagements ⇒ solde – Si besoins < dégagements ⇒ solde +
Variation hors exploitation			
• Variation des autres débiteurs	Valeurs brutes bilan N > Valeurs brutes bilan N – 1	Valeurs brutes bilan N < Valeurs brutes bilan N – 1	
• Variation des autres créditeurs	Valeurs brutes bilan N < Valeurs brutes bilan N – 1	Valeurs brutes bilan N > Valeurs brutes bilan N – 1	
TOTAUX			
B. Variation nette hors d'exploitation			
Total A + B			
Besoin de l'exercice en FR			Si A + B = solde –
ou			
Dégagement net de FR			Si A + B = solde +
Variation trésorerie			
• Variation des disponibilités	Valeurs brutes bilan N > Valeurs brutes bilan N – 1	Valeurs brutes bilan N < Valeurs brutes bilan N – 1	
• Variation des concours bancaires courants et soldes créditeurs banques	Valeurs brutes bilan N < Valeurs brutes bilan N – 1	Valeurs brutes bilan N > Valeurs brutes bilan N – 1	
TOTAUX			
C. Variation nette trésorerie			
Variation du FRNG			
Total A + B + C			
Emploi net			Si A + B + C = solde –
ou			
Ressource nette			Si A + B + C = solde +

D - Le modèle du tableau II

Le tableau de variation du fonds de roulement net global en compte est prévu à l'article 532 – 9 du Plan comptable général :

Voir tableau page suivante.

Art 532 – 9 *(suite)* Modèle de tableau des emplois et des ressources

II. Tableau de financement en compte

Variation du fonds de roulement net global	Exercice N			Exercice N –1
	Besoins 1	Dégagement 2	Solde 2 – 1	Solde
Variation « Exploitation » :				
Variation des actifs d'exploitation :				
Stocks et en-cours				
Avances et acomptes versés sur commandes				
Créances Clients, Comptes rattachés et autres créances d'exploitation **(a)**				
Variation des dettes d'exploitation :				
Avances et acomptes reçus sur commandes en cours				
Dettes Fournisseurs, Comptes rattachés et autres dettes d'exploitation **(b)**				
Totaux	X	X		
A. Variation nette « Exploitation » : **(c)**			± X	± X
Variation « Hors exploitation » :				
Variation des autres débiteurs **(a) (d)**				
Variation des autres créditeurs **(b)**				
Totaux	X	X		
B. Variation nette « Hors exploitation » **(c)**			± X	± X
Total A +B :				
Besoins de l'exercice en fonds de roulement			– X	– X
ou				
Dégagement net de fonds de roulement dans l'exercice			+ X	+ X
Variation « Trésorerie »				
Variation des disponibilités				
Variation des concours bancaires courants et soldes créditeurs de banques				
Totaux	X	X		
C. Variation nette « Trésorerie » **(c)**			± X	± X
Variation du fonds de roulement net global				
(Total A +B + C)				
Emploi net			–	–
ou			+	+
Ressource nette				

(a) Y compris charges constatées d'avance selon leur affectation à l'exploitation ou non.
(b) Y compris produits constatés d'avance selon leur affectation à l'exploitation ou non.
(c) Les montants sont assortis du signe (+) lorsque les dégagements l'emportent sur les besoins et du signe (–) dans le cas contraire.
(d) Y compris valeurs mobilières de placement.
Nota : Cette partie II du tableau peut être adaptée au système de base. Dans ce cas, les variations portent sur l'ensemble des éléments ; aucune distinction n'est faite entre exploitation et hors exploitation.

L'article 532 – 10 du Plan comptable général prévoit la présentation du tableau II en liste.

E - L'analyse du tableau II

La deuxième partie du tableau de financement permet d'apprécier :

- les ***conséquences*** de la variation du fonds de roulement net global sur l'équilibre financier : amélioration ou détérioration ;
- la gestion du ***cycle d'exploitation*** de l'entreprise en matière de politiques de stockage, de crédit clients et fournisseurs ;
- l'***évolution*** du besoin en fonds de roulement et de la trésorerie et d'en connaître les causes.

Pour mener à bien cette analyse, il convient de comparer l'évolution du besoin en fonds de roulement et de la trésorerie avec celle de l'***activité*** de l'entreprise.

5 • APPLICATION

La société Appache, entreprise industrielle ayant une activité de négoce, vous communique les informations nécessaires à l'élaboration du tableau de financement :

- la capacité d'autofinancement pour l'exercice « N » s'élève à 350 540 € ;
- les dividendes distribués au cours de l'exercice « N » sont de 18 000 € ;
- un nouvel emprunt de 200 000 € a été contracté en avril de l'exercice « N » ;
- les amortissements des emprunts s'élèvent à 52 240 € ;
- des immobilisations ont été cédées pour 65 240 € ;
- le montant brut des charges à répartir transféré au cours de l'exercice est de 960 € ;
- le tableau des immobilisations se présente ainsi au 31 décembre N :

Art. 532 – 1 Tableau des immobilisations

I. Cadre général

Situations et mouvements (b) / Rubriques (a)	A Valeur brute à l'ouverture de l'exercice	B Augmentations	C Diminutions	D Valeur brute à la clôture de l'exercice (c)
Immobilisations incorporelles	6 640,00	2 000,00	3 640,00	5 000,00
Immobilisations corporelles	2 567 200,00	455 140,00	94 140,00	2 928 200,00
Immobilisations financières	73 820,00	19 960,00		93 780,00
Total	2 647 660,00	477 100,00	97 780,00	3 026 980,00

(a) A développer si nécessaire selon la nomenclature des postes du bilan. Lorsqu'il existe des frais d'établissement, ils doivent faire l'objet d'une ligne séparée.
(b) Les entités subdivisent les colonnes pour autant que de besoin [cf. ci-dessous développement des colonnes B (augmentations) et C (diminutions)].
(c) La valeur brute à la clôture de l'exercice est la somme algébrique des colonnes précédentes (A + B – C = D).

D'autre part, les postes des masses « Actif circulant » et « Passif circulant » des bilans fonctionnels au 31 décembre N et au 31 décembre N – 1 sont les suivants :

Éléments	N	N – 1
Actif circulant d'exploitation brut		
Stocks et en-cours	844 780,00	634 820,00
Avances et acomptes versés sur commande	23 700,00	13 260,00
Créances d'exploitation	1 170 980,00	761 620,00
Charges constatées d'avance	74 000,00	96 000,00
Effets escomptés non échus	34 700,00	25 200,00
Actif circulant hors exploitation brut		
Créances diverses	75 340,00	45 960,00
Charges constatées d'avance	12 000,00	19 000,00
Actif de trésorerie		
Disponibilités	120 300,00	182 520,00
Passif d'exploitation		
Avances et acomptes reçus sur commande en cours	4 820,00	27 000,00
Dettes d'exploitation	518 000,00	369 740,00
Produits constatés d'avance	247 340,00	251 640,00
Passif hors exploitation		
Dettes diverses	74 040,00	55 380,00
Passif de trésorerie		
Découvert bancaire	760 000,00	400 000,00
Effets escomptés non échus	34 700,00	25 200,00

Le tableau de financement I se présente comme suit :

Art 532 – 9 Modèle de tableau des emplois et des ressources

I. Tableau de financement en compte

EMPLOIS	**Exercice N**	**Exercice N – 1**	**RESSOURCES**	**Exercice N**	**Exercice N – 1**
Distributions mises en paiement au cours de l'exercice................................	18 000		Capacité d'autofinancement de l'exercice.....	350 540	
Acquisitions d'éléments de l'actif immobilisé :			Cessions ou réductions d'éléments de l'actif immobilisé :		
Immobilisations incorporelles	2 000		Cessions d'immobilisations :		
Immobilisations corporelles	455 140		– incorporelles		
Immobilisations financières	19 960		– corporelles	65 240	
Charges à répartir sur plusieurs exercices **(a)**	960		Cessions ou réductions d'immobilisations financières		
Réduction des capitaux propres			Augmentation des capitaux propres		
(réduction de capital, retraits)			Augmentation de capital ou apports ...		
Remboursements de dettes financières **(b)**	52 240		Augmentation des autres capitaux propres ..		
			Augmentation des dettes financières **(b) (c)**	200 000	
Total des emplois	548 300		**Total des ressources**	615 780	
Variation du fonds de roulement net global (ressource nette)	67 480		Variation du fonds de roulement net global (emploi net)		

(a) Montant brut transféré au cours de l'exercice.
(b) Sauf concours bancaires courants et soldes créditeurs de banques.
(c) Hors primes de remboursement des obligations.

Le fonds de roulement net global a augmenté de 67 480 € au cours de l'exercice « N ».

L'autofinancement couvre environ 70 % (1) des investissements réalisés, le reste est financé grâce au nouvel emprunt.

---

(1) $\frac{350\ 540 - 18\ 000}{2\ 000 + 455\ 140 + 19\ 960}$

Les différences entre les valeurs brutes des éléments des deux bilans fonctionnels permettent de calculer les besoins et les dégagements suivants :

Éléments	Besoins	Dégagements
Actif circulant d'exploitation brut		
Stocks et en-cours	209 960,00	
Avances et acomptes versés sur commande	10 440,00	
Créances d'exploitation	409 360,00	
Charges constatées d'avance		22 000,00
Effets escomptés non échus	9 500,00	
Actif circulant hors exploitation brut		
Créances diverses	29 380,00	
Charges constatées d'avance		7 000,00
Actif de trésorerie		
Disponibilités		62 220,00
Passif d'exploitation		
Avances et acomptes reçus sur commande en cours	22 180,00	
Dettes d'exploitation		148 260,00
Produits constatés d'avance	4 300,00	
Passif hors exploitation		
Dettes diverses		18 660,00
Passif de trésorerie		
Découvert bancaire		360 000,00
Effets escomptés non échus		9 500,00

Le tableau de financement II se présente comme suit :

Art 532 – 9 *(suite)* Modèle de tableau des emplois et des ressources

II. Tableau de financement en compte

Variation du fonds de roulement net global	**Exercice N**			**Exercice N –1**
	Besoins 1	**Dégagement 2**	**Solde 2 – 1**	**Solde**
Variation « Exploitation » :				
Variation des actifs d'exploitation :				
Stocks et en-cours	209 960			
Avances et acomptes versés sur commandes	10 440			
Créances Clients, Comptes rattachés et autres créances d'exploitation **(a)**	396 860			
Variation des dettes d'exploitation :				
Avances et acomptes reçus sur commandes en cours	22 180			
Dettes Fournisseurs, Comptes rattachés et autres dettes d'exploitation **(b)**		143 960		
Totaux	639 440	143 960		
A. Variation nette « Exploitation » : **(c)**			– 495 480	
Variation « Hors exploitation » :				
Variation des autres débiteurs **(a) (d)**	22 380			
Variation des autres créditeurs **(b)**		18 660		
Totaux	22 380	18 660		
B. Variation nette « Hors exploitation » **(c)**			– 3 720	
Total A +B :				
Besoins de l'exercice en fonds de roulement			– 499 200	
ou				
Dégagement net de fonds de roulement dans l'exercice				
Variation « Trésorerie »				
Variation des disponibilités		62 220		
Variation des concours bancaires courants et soldes créditeurs de banques		369 500		
Totaux		431 720		
C. Variation nette « Trésorerie » **(c)**			+ 431 720	
Variation du fonds de roulement net global				
(Total A +B + C)				
Emploi net			– 67 480	
ou				
Ressource nette				

(a) Y compris charges constatées d'avance selon leur affectation à l'exploitation ou non.
(b) Y compris produits constatés d'avance selon leur affectation à l'exploitation ou non.
(c) Les montants sont assortis du signe (+) lorsque les dégagements l'emportent sur les besoins et du signe (–) dans le cas contraire.
(d) Y compris valeurs mobilières de placement.
Nota : Cette partie II du tableau peut être adaptée au système de base. Dans ce cas, les variations portent sur l'ensemble des éléments ; aucune distinction n'est faite entre exploitation et hors exploitation.

L'augmentation du fonds de roulement net global a été insuffisante (+ 67 480) pour couvrir l'augmentation du besoin en fonds de roulement d'exploitation (+ 495 480).

L'entreprise Appache a eu donc recours aux crédits de trésorerie, ce qui a occasionné une détérioration de sa trésorerie nette.

CHAPITRE 12

La description et l'analyse du tableau des flux de trésorerie

1 • LA NOTION DES FLUX DE TRÉSORERIE

La trésorerie est un indicateur de gestion fondamental. L'analyse de son évolution permet d'apprécier la ***santé financière*** de l'entreprise.

On appelle flux de trésorerie tout ***mouvement*** de valeur monétaire qui a une incidence sur la trésorerie.

L'étude des flux de trésorerie est un complément indispensable du tableau de financement afin d'analyser les ***encaissements*** et les ***décaissements*** réalisés par l'entreprise au cours d'une période et d'en déduire son degré de ***solvabilité*** ainsi que ses besoins de financement.

Les flux de trésorerie issus des résultats sont révélateurs de la ***stratégie*** et des ***potentialités*** de l'entreprise. En conséquence, l'analyse ***dynamique*** de la trésorerie permet d'apprécier la cohérence des choix stratégiques effectués par l'entreprise :

- capacité à ***générer des liquidités*** à partir des résultats dégagés au cours de l'exercice ;
- faculté à ***maintenir***, après avoir couvert divers prélèvements non différés, ***un solde de trésorerie*** compatible avec les investissements nets à effectuer.

2 • DÉFINITION ET OBJECTIF DU TABLEAU DES FLUX DE TRÉSORERIE

Le tableau des flux de trésorerie ***explique la variation de trésorerie***, relative à une période donnée. Il renseigne l'entreprise sur les encaissements et les décaissements, réalisés au cours d'une période, liés aux opérations propres à l'activité, à l'investissement et au financement.

Le tableau des flux de trésorerie est un document de synthèse ***obligatoire*** pour les sociétés chargées de présenter des comptes consolidés ; il fait partie de l'annexe consolidée. Par contre, il n'est pas imposé par le Plan comptable général pour la présentation des comptes sociaux.

Le tableau des flux de trésorerie permet :

– d'***apprécier*** les conséquences des choix stratégiques des dirigeants sur la trésorerie ;

– d'***informer*** sur la capacité de l'entreprise :

- à générer de la trésorerie à partir de son activité ;
- à faire face à ses obligations ;
- à financer sa politique de croissance sans faire appel au financement externe.

– d'***évaluer*** la solvabilité de l'entreprise ;

– d'***analyser*** l'origine de l'excédent ou du déficit de trésorerie ;

– d'***étudier*** l'utilisation des ressources de trésorerie ;

– de ***mesurer*** le besoin de financement externe ;

– d'***établir*** des comparaisons entre les résultats (d'exploitation, courant, ...) et les flux de trésorerie correspondant ;

– de ***prévenir*** les risques de défaillance ;

– de ***faciliter*** la comparaison des états financiers avec ceux d'autres entreprises, du fait du caractère objectif des flux de trésorerie par rapport à d'autres indicateurs (fonds de roulement net global, ...) ;

– d'***effectuer*** des prévisions, notamment élaborer des plans de financement.

3 • DÉFINITION DE LA TRÉSORERIE

Avant d'élaborer un tableau des flux de trésorerie, il est utile de connaître les ***éléments constitutifs*** de la trésorerie.

La trésorerie est composée uniquement des rubriques concernées du bilan, ce qui exclut les éléments hors bilan, notamment les effets escomptés non échus.

La trésorerie comprend les éléments suivants :

Trésorerie active

- Comptes de caisse.
- Comptes à vue.
- Comptes à terme et intérêts courus non échus qui s'y rattachent venant à échéance dans un délai maximum de trois mois à compter de leur ouverture.
- Parts de Sociétés d'investissement à capital variable (SICAV) et Fonds commun de placement (FCP).
- Obligations acquises moins de trois mois avant leur échéance.

Trésorerie passive

- Soldes créditeurs de banque correspondant à des découverts temporaires et intérêts courus non échus qui s'y rattachent.
- Comptes courants avec des entreprises liées, lorsqu'ils résultent d'opérations de trésorerie.

La trésorerie nette, dont la variation doit être analysée dans le tableau des flux de trésorerie, s'obtient par ***différence*** entre la trésorerie active et la trésorerie passive.

Trésorerie nette = Trésorerie active – Trésorerie passive

4 • LA STRUCTURE DU TABLEAU DES FLUX DE TRÉSORERIE

Le tableau des flux de trésorerie adopté par le Conseil de la réglementation comptable (CRC) est celui proposé par l'Ordre des experts comptables (dans l'avis 30).

Les flux de trésorerie sont classées et analysés en ***trois fonctions*** :

– flux de trésorerie liés à l'activité ;

– flux de trésorerie liés aux opérations d'investissement ;

– flux de trésorerie liés aux opérations de financement.

A - Les activités et les flux

Selon le Conseil de la réglementation comptable et l'avis de l'Ordre des experts comptables, les trois activités et les trois flux qui leurs sont liés respectivement comprennent :

Activités d'exploitation		Flux de trésorerie liés à l'activité
Principales activités génératrices de revenus et toutes activités autres que celles définies comme étant des activités d'investissement ou de financement.	→	Encaissements et décaissements liés au cycle d'exploitation, aux charges et produits financiers et exceptionnels, à la participation des salariés et à l'impôt sur les sociétés.

Activités d'investissement		**Flux de trésorerie liés aux opérations d'investissement**
Acquisitions et cessions d'actifs à long terme et de tout autre investissement qui n'est pas inclus dans les équivalents de liquidités.	→	Encaissements et décaissements destinés à acquérir ou à céder des biens ou des créances classés en immobilisations, une part du capital d'autres entreprises ; à consentir ou à obtenir le remboursement de prêts ou d'avances.

Activités de financement		**Flux de trésorerie liés aux opérations de financement**
Activités qui entraînent des changements quant à l'ampleur et à la composition des capitaux propres et des capitaux empruntés de l'entreprise.	→	Encaissements et décaissements liés au financement externe de l'entreprise (augmentation de capital, nouveaux emprunts, subventions d'investissement, remboursements d'emprunts, dividendes, …).

Un flux de trésorerie entraîne ***au cours de l'exercice*** une variation de trésorerie alors qu'un flux monétaire ou financier peut être un flux de trésorerie ***potentiel*** qui entraînera une variation de trésorerie au cours d'exercices ultérieurs.

Les flux de trésorerie s'obtiennent à partir des flux financiers en tenant compte des ***décalages de trésorerie*** (créances, dettes fournisseurs, …).

Flux de trésorerie = Flux monétaires ± Variation des décalages de trésorerie

Pour chaque catégorie de flux de trésorerie un solde intitulé ***flux net*** est calculé par différence entre les encaissements et les décaissements. Il mesure la ***contribution*** de chaque fonction à la formation de la variation de trésorerie.

B - La variation de trésorerie

La variation de trésorerie est déterminée par ***la somme algébrique des flux nets.***

Elle doit être justifiée, en pied du tableau, par ***différence*** entre la trésorerie à la clôture et la trésorerie à l'ouverture de l'exercice.

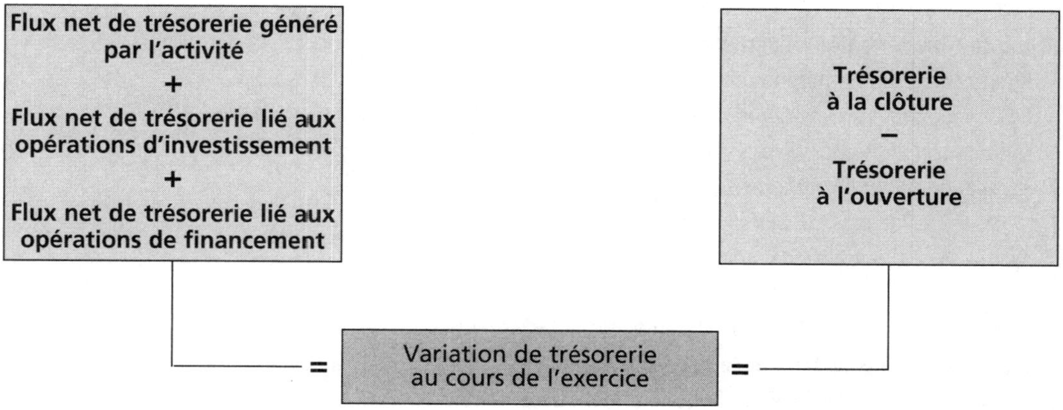

L'équilibre financier de l'entreprise est estimé d'après sa capacité à générer des flux de trésorerie ***positifs*** à partir de ses activités.

5 • LES MODÈLES DU TABLEAU DES FLUX DE TRÉSORERIE

Le Conseil de la réglementation comptable a prévu deux modèles de tableau :

- → Modèle 1 : à partir du résultat net.
- → Modèle 2 : à partir du résultat d'exploitation.

A - Le modèle 1

Le flux net de trésorerie généré par l'activité est calculé à partir du résultat net ***en éliminant*** de ce résultat les charges et les produits sans incidence sur la trésorerie (sauf les dotations et les reprises sur provisions pour dépréciation des actifs circulants) pour mettre en évidence ***la marge brute d'autofinancement*** (trésorerie potentielle) puis, ***en déduisant*** de celle ci la variation du besoin en fonds de roulement lié à l'activité (en valeurs nettes).

Le modèle 1 du tableau des flux de trésorerie se présente ainsi :

Voir tableau page suivante.

Tableau des flux de trésorerie établi à partir du résultat net des entreprises intégrées (CNC) (modèle 1)

Flux de trésorerie liés à l'activité	
Résultat net des sociétés intégrées	
Élimination des charges et produits sans incidence sur la trésorerie ou non liés à l'activité :	
– Amortissements et provisions (1)	
– Variation des impôts différés	
– Plus-values de cession, nettes d'impôt	
Marge brute d'autofinancement des entreprises intégrées	
Dividendes reçus des sociétés mises en équivalence*	
Variation du besoin en fonds de roulement lié à l'activité (2)	
Flux net de trésorerie généré par l'activité	
Flux de trésorerie liés aux opérations d'investissement	
Acquisitions d'immobilisations	
Cessions d'immobilisations, nettes d'impôt	
Incidence des variations de périmètre (3)*	
Flux net de trésorerie lié aux opérations d'investissement	
Flux de trésorerie liés aux opérations de financement	
Dividendes versés aux actionnaires de la société mère*	
Dividendes versés aux minoritaires des sociétés intégrées*	
Augmentations de capital en numéraire	
Émissions d'emprunts	
Remboursements d'emprunts	
Flux net de trésorerie lié aux opérations de financement	
VARIATION DE TRÉSORERIE	
Trésorerie d'ouverture	
Trésorerie de clôture	
Incidence des variations de cours des devises*	

(1) À l'exclusion des provisions sur actif circulant.
(2) À détailler par grandes rubriques (stocks, créances d'exploitation, dettes d'exploitation).
(3) Prix d'achat ou de vente augmenté ou diminué de la trésorerie acquise ou versée. À détailler dans une note annexe.

* Rubrique propre au tableau consolidé.

B - Le modèle 2

Le flux net de trésorerie généré par l'activité est calculé à partir du résultat d'exploitation ***en éliminant*** de ce résultat les charges et les produits d'exploitation sans incidence sur la trésorerie (sauf les dotations et les reprises sur provisions pour dépréciation des actifs circulants) pour déterminer le ***résultat brut d'exploitation*** puis, ***en déduisant*** de ce résultat la variation du besoin en fonds de roulement d'exploitation (en valeurs nettes) afin de mettre en évidence le ***flux net de trésorerie d'exploitation***. Enfin, le flux net de trésorerie d'exploitation est ***corrigé*** des autres encaissements et décaissements liés à l'activité.

Le modèle 2 du tableau des flux de trésorerie se présente ainsi :

Tableau des flux de trésorerie établi à partir du résultat d'exploitation des entreprises intégrées (CNC) (modèle 2)

Flux de trésorerie liés à l'activité	
Résultat d'exploitation des entreprises intégrées	
Élimination des charges et produits d'exploitation sans incidence sur la trésorerie :	
– Amortissements et provisions (1)	
Résultat brut d'exploitation	
Variation du besoin en fonds de roulement d'exploitation (2)	
Flux net de trésorerie d'exploitation	
Autres encaissements et décaissements liés à l'activité :	
– Frais financiers	
– Produits financiers	
*– Dividendes reçus des sociétés mises en équivalence**	
– Impôt sur les sociétés, hors impôt sur les plus-values de cession	
– Charges et produits exceptionnels liés à l'activité	
– Autres	
Flux net de trésorerie généré par l'activité	
Flux de trésorerie liés aux opérations d'investissement	
Acquisitions d'immobilisations	
Cessions d'immobilisations, nettes d'impôt	
Incidence des variations de périmètre (3)*	
Flux net de trésorerie lié aux opérations d'investissement	
Flux de trésorerie liés aux opérations de financement	
Dividendes versés aux actionnaires de la société mère*	
Dividendes versés aux minoritaires des sociétés intégrées*	
Augmentations de capital en numéraire	
Émissions d'emprunts	
Remboursements d'emprunts	
Flux net de trésorerie lié aux opérations de financement	
VARIATION DE TRÉSORERIE	
Trésorerie d'ouverture	
Trésorerie de clôture	
Incidence des variations de cours des devises*	

(1) À l'exclusion des provisions sur actif circulant.
(2) À détailler par grandes rubriques (stocks, créances d'exploitation, dettes d'exploitation).
(3) Prix d'achat ou de vente augmenté ou diminué de la trésorerie acquise ou versée. À détailler dans une note annexe.

6 • L'ANALYSE DES FLUX

A - Le flux net de trésorerie généré par l'activité

Selon l'avis de l'Ordre des experts comptables, le flux net de trésorerie généré par l'activité est un ***indicateur essentiel*** qui permet d'apprécier la capacité de l'entreprise à rembourser les emprunts, à payer les dividendes et à procéder à de nouveaux investissements sans faire appel à des sources de financement externes.

Le niveau et l'évolution dans le temps de ce flux informe :

- sur le ***degré de maîtrise*** dont dispose l'entreprise sur les mouvements de trésorerie, dans l'exercice de son activité ;
- sur le ***risque de défaillance*** ;
- sur la ***cohérence des politiques*** d'investissement et de financement.

B - Le flux net de trésorerie lié à l'investissement

Les composantes du flux net de trésorerie lié à l'investissement permettent de mesurer les sommes consacrées au ***renouvellement et au développement*** des activités de l'entreprise en vue de maintenir ou d'accroître le niveau des flux futurs de trésorerie.

En principe, le renouvellement d'un investissement doit être financé grâce à la trésorerie disponible alors qu'un investissement de croissance peut être financé par un emprunt.

C - Le flux net de trésorerie lié au financement

L'analyse des éléments constituant le flux net lié au financement permet :

- d'identifier les ***sources de financement*** (augmentation des fonds propres, de l'endettement) et les décaissements correspondants (distributions de dividendes, remboursements d'emprunts) ;
- d'apprécier le ***mode de couverture*** du besoin de financement externe selon son origine (investissements, flux net négatif généré par l'activité) ;
- de mesurer la ***qualité des arbitrages*** financiers dans l'optique d'améliorer la rentabilité financière de l'entreprise.

7 • APPLICATION

La société Appache, entreprise industrielle ayant une activité de négoce, vous communique le tableau de financement et les informations nécessaires à l'élaboration du tableau des flux de trésorerie (modèle 1) :

Art 532 – 9 Modèle de tableau des emplois et des ressources

I. Tableau de financement en compte

EMPLOIS	Exercice N	Exercice N – 1	RESSOURCES	Exercice N	Exercice N – 1
Distributions mises en paiement au cours de l'exercice................................	18 000		Capacité d'autofinancement de l'exercice.....	350 540	
Acquisitions d'éléments de l'actif immobilisé :			Cessions ou réductions d'éléments de l'actif immobilisé :		
Immobilisations incorporelles	2 000		Cessions d'immobilisations :		
Immobilisations corporelles	455 140		– incorporelles		
Immobilisations financières	19 960		– corporelles	65 240	
Charges à répartir sur plusieurs exercices **(a)**	960		Cessions ou réductions d'immobilisations financières		
Réduction des capitaux propres			Augmentation des capitaux propres		
(réduction de capital, retraits)			Augmentation de capital ou apports ...		
Remboursements de dettes financières **(b)**	52 240		Augmentation des autres capitaux propres ..		
			Augmentation des dettes financières **(b) (c)**	200 000	
Total des emplois	548 300		**Total des ressources**	615 780	
Variation du fonds de roulement net global (ressource nette)	67 480		Variation du fonds de roulement net global (emploi net)		

(a) Montant brut transféré au cours de l'exercice.
(b) Sauf concours bancaires courants et soldes créditeurs de banques.
(c) Hors primes de remboursement des obligations.

Art 532 – 9 *(suite)* Modèle de tableau des emplois et des ressources

II. Tableau de financement en compte

Variation du fonds de roulement net global	Exercice N			Exercice N –1
	Besoins 1	Dégagement 2	Solde 2 – 1	Solde
Variation « Exploitation » :				
Variation des actifs d'exploitation :				
Stocks et en-cours	209 960			
Avances et acomptes versés sur commandes	10 440			
Créances Clients, Comptes rattachés et autres créances d'exploitation **(a)**	396 860			
Variation des dettes d'exploitation :				
Avances et acomptes reçus sur commandes en cours	22 180			
Dettes Fournisseurs, Comptes rattachés et autres dettes d'exploitation **(b)**		143 960		
Totaux	639 440	143 960		
A. Variation nette « Exploitation » : **(c)**			– 495 480	
Variation « Hors exploitation » :				
Variation des autres débiteurs **(a) (d)**	22 380			
Variation des autres créditeurs **(b)**		18 660		
Totaux	22 380	18 660		
B. Variation nette « Hors exploitation » **(c)**			– 3 720	
Total A +B :				
Besoins de l'exercice en fonds de roulement			– 499 200	
ou				
Dégagement net de fonds de roulement dans l'exercice				
Variation « Trésorerie »				
Variation des disponibilités		62 220		
Variation des concours bancaires courants et soldes créditeurs de banques		369 500		
Totaux		431 720		
C. Variation nette « Trésorerie » **(c)**			+ 431 720	
Variation du fonds de roulement net global				
(Total A +B + C)				
Emploi net			– 67 480	
ou				
Ressource nette				

(a) Y compris charges constatées d'avance selon leur affectation à l'exploitation ou non.
(b) Y compris produits constatés d'avance selon leur affectation à l'exploitation ou non.
(c) Les montants sont assortis du signe (+) lorsque les dégagements l'emportent sur les besoins et du signe (–) dans le cas contraire.
(d) Y compris valeurs mobilières de placement.
Nota : Cette partie II du tableau peut être adaptée au système de base. Dans ce cas, les variations portent sur l'ensemble des éléments ; aucune distinction n'est faite entre exploitation et hors exploitation.

Informations complémentaires

- le résultat net de l'exercice est de 30 660 € ;
- les dotations aux amortissements sont de 289 500 € ;
- les dotations aux provisions (sauf les dotations aux provisions pour dépréciation de l'actif circulant) s'élèvent à 73 140 € ;
- les reprises sur provisions (sauf les reprises sur provisions pour dépréciation de l'actif circulant) sont de 24 000 € ;
- la variation des provisions pour stock s'élève à 3 120 € ;
- la variation des provisions pour dépréciation des comptes clients est d'un montant de1 640 € ;
- une variation des dettes sur immobilisations est constatée pour 17 140 € ;
- une plus-value sur cession d'immobilisations a été réalisée pour 14 520 € ;
- les soldes créditeurs de banques ont un caractère permanent ;
- la variation de trésorerie du tableau de financement comprend des effets escomptés non échus d'un montant de 9 500 € ;
- la trésorerie d'ouverture est de 182 520 € ;
- la trésorerie de clôture s'élève à 120 300 €.

Le tableau des flux de trésorerie, modèle 1, se présente comme suit :

Voir tableau page suivante.

Tableau des flux de trésorerie établi à partir du résultat net des entreprises intégrées (CNC) (modèle 1)

Flux de trésorerie liés à l'activité	30 660	
Résultat net des sociétés intégrées		
Élimination des charges et produits sans incidence sur la trésorerie ou non liés à l'activité :		
– Amortissements et provisions (1)	+ 338 640	*(a)*
– Variation des impôts différés		
– Plus-values de cession, nettes d'impôt	– 14 520	
Marge brute d'autofinancement des entreprises intégrées	354 780	
Dividendes reçus des sociétés mises en équivalence*		
Variation du besoin en fonds de roulement lié à l'activité (2)	– 511 580	*(b)*
Flux net de trésorerie généré par l'activité	– 156 800	
Flux de trésorerie liés aux opérations d'investissement		
Acquisitions d'immobilisations	– 460 420	*(c)*
Cessions d'immobilisations, nettes d'impôt	+ 65 240	
Incidence des variations de périmètre (3)*		
Flux net de trésorerie lié aux opérations d'investissement	– 395 180	
Flux de trésorerie liés aux opérations de financement		
Dividendes versés aux actionnaires de la société mère*	– 18 000	
Dividendes versés aux minoritaires des sociétés intégrées*		
Augmentations de capital en numéraire		
Émissions d'emprunts	+ 560 000	*(d)*
Remboursements d'emprunts	– 52 240	
Flux net de trésorerie lié aux opérations de financement	+ 489 760	
VARIATION DE TRÉSORERIE	– 62 220	*(e)*
Trésorerie d'ouverture	182 520	
Trésorerie de clôture	120 300	
Incidence des variations de cours des devises*		

(1) À l'exclusion des provisions sur actif circulant.
(2) À détailler par grandes rubriques (stocks, créances d'exploitation, dettes d'exploitation).
(3) Prix d'achat ou de vente augmenté ou diminué de la trésorerie acquise ou versée. À détailler dans une note annexe.

* Rubrique propre au tableau consolidé.

(a) Amortissements et provisions :

(289 500 + 73 140 – 24 000) = 338 640 €.

(b) Variation des stocks nets :

209 960 – 3 120 = 206 840 €.

Variation des créances nettes d'exploitation :

396 860 – 1 640 = 395 220 €.

Variation des avances et acomptes versés sur commandes : 10 440 €.

Variation des avances et acomptes reçus sur commandes : 22 180 €.

Variation des dettes fournisseurs et comptes rattachés : 143 960 €.

Variation des autres créances liées à l'activité : 22 380 €.

Variation des autres dettes liées à l'activité :

18 660 – 17 140 = 1 520 €.

Variation du besoin en fonds de roulement lié à l'activité :

(206 840 + 395 220 + 10 440 + 22 180 + 22 380) – (143 960 + 1 520) = 511 580 €.

(c) Acquisitions d'immobilisations :

(2 000 + 455 140 + 19 960 + 960) – 17 140 = 460 420 €.

(d) Émissions d'emprunts :

200 000 + 360 000 = 560 000 €.

(e) Variation de trésorerie :

(–174 800) + (– 395 180) + (507 760) = – 62 220 €.

Malgré une marge brute d'autofinancement importante, l'activité consomme plus de trésorerie qu'elle n'en secrète en raison d'une forte augmentation du besoin en fonds de roulement.

Les besoins de trésorerie liés à l'activité et à l'investissement ne sont couverts que partiellement par la ressource de trésorerie liée au financement, ce qui entraîne une dégradation de la trésorerie.

L'entreprise Appache n'est pas capable de financer par elle-même ni ses investissements, ni les dividendes, ni le coût de la dette.

On remarque que l'analyse est plus pessimiste que celle menée à partir du tableau de financement (voir pages 143 et 145) ; des décisions correctives s'imposent telles que la réduction du besoin en fonds de roulement, la recherche d'une meilleure cohérence entre les politiques d'investissement et de financement.

PARTIE 4

La méthode de l'analyse financière de la Centrale de bilans

CHAPITRE 13

Le diagnostic de la Centrale de bilans

1 • LES CONDITIONS D'ADHÉSION

Toute entreprise industrielle, commerciale ou de services peut adhérer à la Centrale de bilans de la Banque de France.

Le principe de l'adhésion repose sur l'échange d'informations.

Chaque année

Entreprise → *Fournitures d'informations* descriptives, comptables et financières. → **Centrale de bilans**

Centrale de bilans → *Remise d'un dossier individuel* contenant une analyse financière détaillée et d'*un fascicule de résultats sectoriel*s. → **Entreprise**

2 • LE CONTENU DU DOSSIER INDIVIDUEL

Le dossier individuel remis à l'adhérent comporte ***quatre niveaux*** d'analyse :

Points-clés

- score → mesure le risque de défaillance.
- ratios → étude du comportement de l'entreprise, dans son environnement, sur les quatre derniers exercices.
- tableau de financement → analyse de la couverture des besoins financiers.

Analyse de l'exploitation →	soldes de gestion →	explication de la formation du résultat d'exploitation et de la répartition des revenus.
Analyse globale →	soldes de gestion →	explication de la formation des résultats globaux.
	bilan fonctionnel →	analyse fonctionnelle de la structure financière et de l'équilibre financier.
	tableau des flux de trésorerie →	analyse des flux de trésorerie par fonctions.
Compléments d'analyse →	étude de l'endettement →	à travers l'appréciation des charges financières et le calcul de l'effet de levier.

3 • LES PRINCIPES DE L'ANALYSE FINANCIÈRE DE LA CENTRALE DE BILANS

L'analyse financière de la Centrale de bilans est menée d'après une approche fonctionnelle.

Elle distingue ***quatre fonctions économiques*** représentatives de la gestion de l'entreprise :

– fonction d'exploitation ;

– fonction de répartition ;

– fonction d'investissement ;

– fonction de financement.

Cette analyse fonctionnelle s'applique aussi bien à la formation du résultat, à la structure financière qu'aux flux de trésorerie.

La structure des états financiers et des tableaux de flux d'après l'approche de la Centrale de bilans présente des ***différences*** par rapport à ceux issus de l'analyse financière classique. Ceci conduit à dégager des agrégats ***spécifiques*** et nécessite certains retraitements.

Citons à titre d'exemple :

– le tableau des soldes intermédiaires de gestion de la Centrale de bilans axé sur la notion de ***coût des facteurs*** ;

– la synthèse du bilan fonctionnel de la Centrale de bilans influencé par la méthode « Pool de fonds » et faisant ressortir la notion de ***capital engagé*** (capitaux investis plus besoin en fonds de roulement hors exploitation plus disponibilités) ;

– le tableau des flux de trésorerie de la Centrale de bilans qui permet de calculer le flux net généré par l'activité directement à partir des encaissements et des décaissements sur opérations et met en évidence un flux de trésorerie d'***exploitation*** ainsi qu'un flux de trésorerie ***interne*** ;

– …

4 • LA MÉTHODE DES SCORES

La méthode des scores, mise au point par la Centrale de bilans, permet de mesurer rapidement le ***degré de vulnérabilité*** de l'entreprise appartenant à un secteur donné et de la classer, au sein de son secteur, parmi les entreprises saines ou vulnérables.

Le score est calculé à l'aide d'une fonction combinant ***huit ratios*** significatifs, affectés chacun d'un ***coefficient*** de pondération, et une constante. Un score ***positif*** indique une situation ***saine*** alors qu'un score ***négatif*** traduit une situation à ***risque***.

Les huit ratios retenus sont les suivants :

– R_1 = Frais financiers / Résultat économique brut ;

– R_2 = Couverture des capitaux investis ;

– R_3 = Capacité de remboursement ;

– R_4 = Taux de marge brute d'exploitation ;

– R_5 = Délai crédit fournisseurs ;

– R_6 = Taux de croissance de la valeur ajoutée ;

– R_7 = Délai découvert clients ;

– R_8 = Taux d'investissements physiques.

À chaque valeur du score est associée la ***probabilité de défaillance*** de l'entreprise au cours des trois années à venir.

Le score est considéré comme un indicateur de gestion ***synthétique*** parmi d'autres et ne peut suffir à lui seul à établir un diagnostic.

Bibliographie générale

Manuels et ouvrages généraux

BOILEAU (G.), *Comprendre les comptes d'une entreprise,* Groupe Revue Fiduciaire, 4e éd., 2003.

GRANDGUILLOT (B. et F.), *Exercices corrigés d'analyse financière,* Gualino éditeur, Coll. « Fac Universités », 2e éd., 2004.

GRANDGUILLOT (B. et F.), *L'essentiel de l'analyse financière,* Gualino éditeur, Coll. « Carrés Rouge », 4e éd., 2003.

GRANDGUILLOT (B. et F.), *QCM d'analyse financière,* Gualino éditeur, Coll. « QCM avec réponses justifiées », 2e éd., 2002.

HOARAU (C.), *Le diagnostic financier,* Groupe Revue Fiduciaire, 2001.

LAHILLE (JP.), *Analyse financière,* Dalloz, 2004.

LANGLOIS (G.), MOLLET (M.), *Analyse comptable et financière,* Foucher, 3e éd., 2001.

MARION (A.), *Analyse financière,* Dunod , 3e éd., 2004.

PLANCHON (A.), *Introduction à l'analyse financière,* Foucher, 2000.

Revues conseillées

La revue fiduciaire comptable : revue mensuelle.

Bulletin comptable et financier : revue mensuelle.

Sites Internet conseillés

- Ministère de l'économie, des finances et de l'industrie
  http://www.minefi.gouv.fr
- Portail revue fiduciaire
  http://www.grouperf.com
- EUROPA, serveur de l'Union européenne
  http://www.europa.eu.int/index-fr.htm

Index

Pour s'entrainer

Pour se tester

Achevé d'imprimer sur les presses de Normandie Roto Impressionb s.a.s.
N° d'impression : 041565
Dépôt légal : juin 2004
N° éditeur : 2236
Imprimé en France